Bei einem Tropengewitter stürzt ein peruanisches Flugzeug über dem Dschungel aus dreitausend Metern Höhe ab. Nur die siebzehnjährige Juliane überlebt. Mit ein paar Schrammen, ohne Brille, mit nur einer Sandale und einem Tütchen Fruchtbonbons schlägt sie sich durch den Urwald. Fast elf Tage ist sie unterwegs, bis sie auf Einheimische trifft ...

Das Mädchen, das vom Himmel fiel; der Segler, der ein dramatisches Schiffsunglück überlebte; die Frau, die im eisigen Wasser unter einer Eisschicht eingeschlossen war und die doch vier Stunden später von Rettungssanitätern wiederbelebt werden konnte ...

David Long erzählt in 23 bewegenden, abenteuerlichen – und wahren – Geschichten von Menschen, die Extremsituationen in der Wildnis überlebt haben: unterhaltsam, lehrreich und spannend.

David Long, Historiker und Autor, hat mehr als zwanzig Bücher für Kinder und Jugendliche sowie Erwachsene zu den unterschiedlichsten zeitgeschichtlichen Themen verfasst. Er lebt in Suffolk und hat zwei Söhne.

Martina Tichy übersetzt seit vielen Jahren aus dem Englischen, seit einigen Jahren auch Romane für Kinder und Jugendliche. Sie hat Germanistik und Amerikanistik studiert und lebt in der Nähe von München.

Felix Mayer hat in München, Paris und Pisa Komparatistik und Philosophie sowie in Düsseldorf Literaturübersetzen studiert. Er übersetzt Belletristik und Sachbücher aus dem Französischen, Englischen, Italienischen und Slowenischen.

DAVID LONG
GERETTET

WAHRE GESCHICHTEN VOM ÜBERLEBEN

Aus dem Englischen von
Martina Tichy und Felix Mayer

Mit Illustrationen von
Kerry Hyndman

Insel Verlag

Die Originalausgabe erschien erstmals 2016 unter dem Titel
Survivors. Extraordinary Tales From the Wild and Beyond
bei Faber and Faber Limited, London.

Erste Auflage 2023
Deutsche Erstausgabe
© der deutschsprachigen Ausgabe
Insel Verlag Anton Kippenberg GmbH & Co. KG, Berlin, 2023
© David Long 2016
Illustrationen © Kerry Hyndman 2016
Alle Rechte vorbehalten. Wir behalten uns auch eine Nutzung des Werks
für Text und Data Mining im Sinne von §44b UrhG vor.
Umschlaggestaltung: Designbüro Lübbeke, Naumann, Thoben, Köln
Satz: Eberl & Koesel Studio, Kempten
Druck: Pustet, Regensburg
Printed in Germany
ISBN 978-3-458-64355-5

www.insel-verlag.de

INHALT

JULIANE KOEPCKE Das Mädchen,
das vom Himmel fiel 9

DOUGLAS MAWSON Der Mann, der allein
zurückkam 18

HANS PETER STRELZYK UND GÜNTER WETZEL
Die Freunde, die mit einem Ballon die Grenze
überquerten 27

TAMI OLDHAM Die Frau, die in einen Hurrikan
segelte 36

ROGER CHAPMAN UND ROGER MALLINSON
Die Männer, die sich auf dem Meeresboden
ein Sandwich teilten 44

ARON RALSTON Der Schluchtenkletterer,
der sich den Arm abschnitt 53

POON LIM Der Mann, der einem Hai das Blut
aussaugte 61

ERNEST SHACKLETON Der Kapitän, der seine
Mannschaft rettete 69

HUGH GLASS Der Pelztierjäger, der mit einem
Grizzly rang 78

MAURO PROSPERI Der Wüstenläufer, der seinen
eigenen Urin trank 85

SUE RUFF UND BRUCE NELSON Das Paar, dem ein
Vulkan den Atem raubte 93

COLBY COOMBS Der Bergsteiger, der aus einer
Lawine herauskam 99

ERIC LEMARQUE Der Snowboarder, der fatal
falsch abbog 106

CRAIG HOSKING Der Pilot, der in einen Vulkan
stürzte 113

ANNA BÅGENHOLM Die Frau, die den Kältetod starb –
und wieder zum Leben erwachte 121

JOHANN WESTHAUSER Der Höhlenforscher,
der zwölf Tage festsaß 128

JOHN CAPES Der Schiffbrüchige, dem niemand
glaubte 136

LEONID ROGOSOW Der Arzt, der sich selbst operierte 145

ROB TESAR Der Student, der im Treibsand feststeckte .. 151

GREG RASMUSSEN Der Naturschützer,
der in der Kalahari mit dem Flugzeug abstürzte 158

BRANT WEBB UND TODD RUSSELL Die Bergleute,
die zwei Wochen unter Tage verbrachten 167

CLAUDIO CORTI Der Bergsteiger, der in der
»Mordwand« stürzte 175

YOSSI GHINSBERG Der Abenteurer, der einen
Wasserfall hinabstürzte 182

EPILOG 191

Zu allen Zeiten sind Menschen, die nach Abenteuern suchten, immer wieder auch auf Gefahren gestoßen – und die in diesem Buch versammelten wahren Geschichten vom Überleben unter widrigsten Umständen suchen ihresgleichen. Manche Menschen wussten, wie riskant ihre Unternehmungen waren – andere hatten einfach unglaubliches Pech. Doch in jedem Fall sahen sich diese Männer, Frauen und Kinder gezwungen, das schier Unmögliche zu schaffen – auf See, in der Luft und in schrecklichen Notlagen auf der Erde.

Ihre Geschichten zeigen, wie viel Kraft, Tapferkeit und Selbstvertrauen nötig waren, um all das durchzustehen. Nicht jede und jeder von ihnen kam mit heiler Haut davon, etliche erlitten schwere Verletzungen, doch ihre Geschichten sind spannend, aufschlussreich und inspirierend – und auch wenn man es kaum glauben mag: Sie haben sich genau so zugetragen.

JULIANE KOEPCKE
Das Mädchen, das vom Himmel fiel
(Peru, 1971)

An Heiligabend befand sich die siebzehnjährige Juliane Koepcke hoch über dem südamerikanischen Regenwald, als das Flugzeug, in dem sie und ihre Mutter saßen, in einen heftigen Sturm geriet. Am Abend zuvor hatten sie noch Julianes Abschlussball an der Schule gefeiert, das Halbjahr war vorbei, und nun wollten sie die Ferien zu Hause verbringen. Zu Hause, das war ein abgeschiedener Ort namens Pucallpa im Amazonasgebiet von Peru, wo Julianes Vater, Hans-Wilhelm Koepcke, als Biologe arbeitete. Ihre Mutter Maria war Ornithologin und erforschte das Verhalten von Vögeln. Da Juliane sich ebenfalls für alles begeisterte, was mit der Natur zusammenhing, wollte sie dem Beispiel ihrer Eltern folgen und Biologie studieren.

Beim Besteigen der viermotorigen Lockheed Electra hatten sich noch einige Passagiere beschwert, weil der Flug fast sieben Stunden Verspätung hatte. Doch nun waren sie in der Luft, und Juliane freute sich auf die Ferien und das Wiedersehen mit ihrem Vater. Von ihrem Fensterplatz aus sah sie in der Ferne Unwetterwolken, doch sie flog für ihr Leben gern und hätte nicht gewusst, warum sie sich fürchten sollte.

Ihre Mutter war weniger entspannt. Da sie nie recht glauben mochte, dass etwas aus Metall mit den Vögeln, die sie beobachtete, mithalten konnte, flog sie selbst bei besten Bedingungen nur ungern. Nun, als die Electra plötzlich absackte und in eine massige, dunkle Regenwolke eintauchte, wurde sie nervös. Bald darauf wurde das Flugzeug von Turbulenzen durchgerüttelt, und schließlich beschlich auch Juliane das Gefühl, dass hier etwas nicht mehr stimmte.

Aus den Gepäckfächern über den Sitzen fielen die ersten Koffer und Taschen heraus, Getränke ergossen sich in den Schoß von Passagieren. Weihnachtsgeschenke und Päckchen purzelten durch die Kabine, als das Flugzeug von den Luftwirbeln auf und ab geschleudert wurde.

Durch ihr Fenster sah Juliane Blitze um das Flugzeug zucken. Der Sturm hatte sie offensichtlich im Griff, und nun wurde auch ihr mulmig zumute. Über das Röhren der Propeller hinweg hörte man Passagiere schreien; sie griff nach der Hand ihrer Mutter.

Fast zehn Minuten lang hielt dieses Gerüttel und Geschüttel an, das die Maschine heftig beutelte. Juliane umklammerte die Hand ihrer Mutter fester und sah beim Blick aus dem

Fenster, dass eine Tragfläche aufflammte. Ihre Mutter bemerkte es ebenfalls und sagte ganz ruhig: »Das ist das Ende. Jetzt ist alles vorbei.« Es waren die letzten Worte, die Juliane von ihr hörte.

Kurz darauf wurde es in der Kabine dunkel, und die Electra ging in einen Sturzflug über. In der Stockfinsternis konnte Juliane nichts erkennen, sie hörte nur noch das Dröhnen der Triebwerke. Und dann war es auf einmal totenstill. Zu ihrem Entsetzen fand sie sich mitsamt ihrem Sitz plötzlich irgendwo außerhalb des Flugzeugs wieder, wo sie sich, immer noch angeschnallt, pausenlos überschlug. Um sie herum nichts als brausende, kalte Luft; wie ein Stein fiel sie Richtung Dschungel.

Als sie aus den Wolken heraus war, sah sie ganz kurz die Baumkronen, die einem Feld aus Riesenbrokkoli glichen und auf sie zuzurasen schienen. Ein Anblick, bei dem man vor Schreck hätte erstarren können, doch hatte sie wohl im nächsten Moment schon das Bewusstsein verloren und kam erst am folgenden Morgen wieder zu sich. Es war der erste Weihnachtstag. Sie saß noch immer angeschnallt auf ihrem Sitz, der sich in den Boden gerammt hatte.

Vierzig Minuten nach dem Start war das Flugzeug offenbar von einem Blitz getroffen worden, woraufhin ein Treibstofftank explodierte und die rechte Tragfläche abriss. Als der Rumpf allmählich zerbarst, war Juliane aus dem fliegenden Wrack geschleudert worden und fast dreitausend Meter tief in den Dschungel gestürzt.

Das wurde ihr sofort klar. Sie sah zu den Bäumen hoch und wusste, dass sie eine Flugzeugkatastrophe überlebt hatte – vielleicht nur deshalb, weil das dichte Laubwerk und ihr Sitz den Aufprall abgefangen hatten.

Die Siebzehnjährige litt, wie man sich denken kann, unter

starken Schmerzen und Schwindel. Sie hatte einen Schlüsselbeinbruch, einen Kreuzbandriss im Knie sowie Prellungen und tiefe Schnittwunden. Ihr linkes Auge war zugeschwollen, dennoch kam sie auf die Beine und war sich bewusst, dass sie zusehen musste, sich in Sicherheit zu bringen.

Ihre Eltern hatten ihr viel über den Dschungel beigebracht, daher wusste sie, dass er nicht so gefährlich war, wie man gerne denkt. Wenn man ihn durchwanderte, musste man einen kühlen Kopf bewahren und sich vor Dummheiten hüten; allerdings hatte sie keine Ahnung, wo sie sich befand und wo die anderen Passagiere nach dem Absturz gelandet waren. Zudem hatte sie einen Schuh und ihre Brille verloren, was die Sache noch erschwerte, da sie stark kurzsichtig war. Außerdem war ihr leichtes Baumwollkleid nicht gerade dazu geeignet, sie vor den Bissen und Stichen der Insekten zu schützen, die sie von allen Seiten umsurrten.

Als Erstes musste sie herausfinden, ob sonst noch jemand in der Nähe war, vor allem natürlich ihre Mutter; doch auf Julianes Rufe kam keine Antwort, außer dem Gekakel aufgescheuchter Tiere. Einige Zeit später hörte sie in heller Aufregung, dass ein Flugzeug über ihr kreiste. Vermutlich hielt die Crew Ausschau nach Überlebenden, doch da Juliane den Flieger durch das dichte Baumkronendach nicht sehen konnte, war ihr schnell klar, dass es sich umgekehrt ebenso verhielt. Sie fühlte sich buchstäblich mutterseelenallein.

Eine Zeitlang hatten die Koepckes in einer entlegenen Forschungsstation gelebt, wo Hans-Wilhelm seiner Tochter einige nützliche Überlebenstipps beigebracht hatte. Er erklärte ihr zum Beispiel, dass es oft sicherer war, durch seichtes Gewässer zu waten, als über Land zu laufen – Schlangen und andere giftige Tiere sind auf dem Erdboden schwer auszumachen und gehen zum Angriff über, wenn ihnen jemand zu nahe kommt. Juliane wusste auch, dass Dschungelsiedlungen meist an Flüssen liegen – wenn sie sich also dicht beim Wasser hielt, stiegen ihre Chancen, jemandem zu begegnen und Hilfe zu finden.

Bis dieser Fall eintrat, sah es jedoch schlimm für sie aus. Zu essen hatte sie nur eine kleine Tüte Süßigkeiten, und natürlich hatte sie keine Ahnung, wie lange sie würde laufen müssen, bis sie in Sicherheit war. Schon bald ließen sich Dutzende von Insekten auf ihr nieder und krabbelten in ihr Haar, und nach Sonnenaufgang wurde es im Regenwald unerträglich heiß. Dazu war es auch noch sehr feucht, weil den ganzen Tag immer wieder Unwetter wie das, dem die Electra zum Opfer gefallen war, über den Dschungel hereinbrachen.

Nachdem sie nirgends Anzeichen finden konnte, dass außer ihr noch jemand in der Nähe war, machte Juliane sich auf den Weg, stieß auf einen kleinen Fluss und beschloss, ihm zu folgen. Zum Glück gab es damit genügend Trinkwasser für sie, doch in der gerade herrschenden Regenzeit hingen noch keine reifen Früchte an den Bäumen; und dank der Unterweisungen ihrer Eltern wusste sie, dass es zu riskant war, irgendetwas anderes zu essen.

Nach Einbruch der Dunkelheit fiel die Temperatur stark ab, und in ihrem ärmellosen, durchnässten Sommerkleid fror Juliane erbärmlich. Außerdem fühlte sie sich einsam und hatte Angst. Sie konnte nicht schlafen, saß nur schlotternd da und lauschte den verstörenden Geräuschen des nächtlichen Regenwalds. Am nächsten Morgen folgte sie langsam weiter dem Flusslauf. Schon bald war die kleine Tüte mit Süßigkeiten leer, und als ihre Uhr stehenblieb, verlor sie rasch jedes Zeitgefühl.

Nach ein paar Tagen hörte sie, dass sich irgendwo in der Nähe ein Königsgeier bemerkbar machte. Von ihrer Mutter wusste sie, dass diese großen Vögel sich nur dort niederlassen, wo jede Menge Nahrung für sie zu finden ist. Da Geier ausschließlich Aas fressen, lag für Juliane die Vermutung nahe, dass der Vogel nach Leichen aus dem abgestürzten Flugzeug Ausschau hielt.

Ihre Befürchtungen bestätigten sich kurz darauf, als sie auf eine Sitzbank aus dem Flieger stieß. Diese war teilweise im Dickicht verborgen, und die drei toten Passagiere saßen immer noch angeschnallt auf ihren Plätzen. Einen Augenblick lang meinte Juliane, eine der Leichen könnte ihre Mutter sein, doch dann sah sie, dass deren Fußnägel lackiert waren – etwas, das bei ihrer Mutter nie vorkam. Während ihrer gesamten Zeit im Dschungel fand Juliane keine weiteren Überlebenden; später erfuhr sie, dass von den einundneunzig Menschen an Bord der Electra einzig und allein sie am Leben geblieben war.

Mehrere Tage lief oder schwamm sie weiter flussabwärts, kam natürlich nur langsam voran und wurde beim Schwimmen von der Sonne auf dem Rücken und an den Armen gnadenlos verbrannt: neben ihren sonstigen Verletzungen eine zusätzliche Qual. Schlafmangel und die Kraftanstrengung, die es sie kostete, sich weiter fortzubewegen, erschöpften sie mehr und mehr. Außerdem bemerkte sie zu ihrem Erschrecken, dass die Insektenstiche sich entzündeten und Fliegenmaden sich unter ihrer Haut eingruben.

Nach einer Woche hörte Juliane keine Flugzeuge mehr am Himmel kreisen, was wohl bedeutete, dass die Behörden die Suche nach Überlebenden eingestellt hatten. Das ängstigte sie, machte sie aber auch wütend – zu wissen, dass sie aufgegeben hatten, obwohl sie, Juliane, schließlich im Dschungel unter ihnen immer noch um ihr Leben kämpfte. Verzweiflung überkam sie, doch dann, am neunten Tag, stieß sie voll

Erstaunen und Freude auf ein altes, ramponiertes Boot nahe der Stelle am Flussufer, wo sie zuvor Rast gemacht hatte.

Zuerst wollte sie sich das Boot einfach nehmen – aber niemand sollte sie des Diebstahls beschuldigen. Sie sah sich um und entdeckte einen Pfad, der über die Flussböschung hinauf in den Wald führte. Mit letzter Kraft, todmüde und ausgehungert, erklomm sie den Pfad und stieß ganz oben auf eine kleine Hütte. Drinnen fand sie einen Außenbordmotor und einen Benzinkanister – da fiel ihr ein Trick ein, mit dem ihr Vater den Hund der Familie immer von Würmern befreite.

Wenn sie Benzin auf ihre Wunden goss, musste das die Maden eigentlich töten oder zumindest aus Julianes Körper verjagen. Es würde unerträglich brennen, aber einen Versuch war es wert. Nachdem sie einen Arm mit der brennbaren Flüssigkeit überschüttet hatte, zählte sie nicht weniger als vierzig Maden, die aus den Wunden zu Boden fielen. Die Anstrengung erschöpfte sie nur noch mehr, sie wickelte sich in eine Plane aus der Hütte und war im nächsten Moment eingeschlafen.

Beim Erwachen am folgenden Morgen ging es Juliane nicht viel besser, und sie beschloss, noch eine Weile in der Hütte zu bleiben, weil ihr die Kraft fehlte, ihren Weg fortzusetzen. Draußen setzte ein weiterer Gewitterguss ein, doch später, als der Regen sich legte, glaubte sie Stimmen zu hören, die sich der Hütte näherten. Sie rappelte sich hoch, öffnete die Tür und war vor Freude schier außer sich, als sie drei verdutzte Waldarbeiter vor sich sah. Rasch erzählte sie ihnen von dem Absturz und den vergangenen zehn Tagen, die sie allein im Dschungel zugebracht hatte.

Die Männer boten ihr etwas zu essen an, doch nachdem sie so lange nur Wasser getrunken hatte, konnte sie nichts zu sich nehmen. Daraufhin fassten die Männer den schnellen

Entschluss, Juliane in ihrem Kanu flussabwärts zu transportieren. Nach sieben Stunden auf dem Wasser wurde sie zu einem Krankenhaus geflogen und später zu ihrem Vater nach Pucallpa gebracht. Glücklicherweise erholte sie sich vollständig von sämtlichen Strapazen, doch plagten sie noch jahrelang Alpträume über all das, was sie ausgestanden hatte, wie auch über den Tod ihrer Mutter und der anderen Passagiere. Ihrer Liebe zur Biologie tat dies allerdings keinen Abbruch; sie studierte in Deutschland und kehrte viele Male nach Peru zurück, um den Dschungel und seine Tierwelt zu erforschen.

DOUGLAS MAWSON
**Der Mann, der allein zurückkam
(Antarktis, 1912)**

In dem sogenannten heroischen Zeitalter der Polarexpeditionen wetteiferten etliche Entdeckungsreisende darum, als Erste den Südpol zu erreichen. Anderen war mehr an Forschung als an Ruhm gelegen. Mit einem Team von zwei Dutzend Wissenschaftlern begab sich der australische Geologe Douglas Mawson auf eine gefährliche Reise zu dem riesigen Eiskontinent der Antarktis.

An der Küste errichteten die Männer ein Ausgangslager: eine beengte Holzhütte, die rasch eingeschneit war. Von dort machte sich Mawson in Begleitung von zwei weiteren Forschern zur Erkundung des Landesinneren auf. Leutnant Belgrave Ninnis war für die Hunde zuständig, die Proviant und Ausrüstung auf Schlitten zogen. Xavier Mertz, ein Meisterskiläufer aus der Schweiz, brachte jede Menge Erfahrung als Bergsteiger mit. Alle drei brannten darauf, die geologischen Gegebenheiten der Region zu untersuchen, und planten zu diesem Zweck, mehr als 1800 Kilometer Eisfläche zu überqueren; doch nach sechs Wochen hatten sie gerade mal ein gutes Viertel dieser Strecke geschafft.

In dieser Region – nach Meinung vieler Experten die windigste der Erde – war das Wetter weit schlimmer als von Mawson erwartet. In der Antarktis werden Windgeschwindigkeiten von bis zu 280 Stundenkilometern erreicht, und Orkane toben häufig wochenlang. In solchen Phasen kann kein Mensch aufrecht stehen, und die Sichtweite beträgt vielleicht einen Meter, was bedeutete, dass die Männer sich häufig auf allen vieren fortbewegen mussten.

Abends schlugen sie zum Schutz vor dem heulenden Wind ihre Zelte auf, und morgens bildete sich eine Maske aus Eis und Schnee auf ihren Gesichtern. Verrückterweise bot ihnen dies einen gewissen Schutz vor den erbarmungslosen Wetterbedingungen. Anfangs kamen die drei gut voran, doch dann verlangsamte sich ihr Tempo, und es wurde klar, dass ihnen Gefahr bevorstand.

Sie hatten erfolgreich zwei gewaltige Gletscher überquert und waren gute 450 Kilometer vom Ausgangslager entfernt, als Ninnis plötzlich verschwand. Der Untergrund, auf dem er sich bewegte, schien aus solidem Eis zu bestehen, war in Wirklichkeit aber nur eine brüchige Kruste aus gefrorenem Schnee. Darunter verbarg sich eine Gletscherspalte, die schier endlos tief in die Erde führte, und als der Firn unter seinem

Gewicht nachgab, stürzte Ninnis mit seinem Schlitten und sechs der insgesamt zwölf Hunde in den Abgrund.

Ninnis oder die Tiere retten zu wollen, war aussichtslos, denn auch nur bis zum Rand der Eisspalte zu kriechen, hätte bedeutet, eine weitere Tragödie zu riskieren. Nach Schätzungen von Mawson und Mertz war Ninnis mindestens fünfzig Meter tief gefallen; so weit reichten die Seile nicht, die sie auf dem verbleibenden Schlitten dabeihatten, und demnach war es unmöglich, ihn aus seiner Lage zu befreien, selbst wenn er überlebt haben sollte.

Neben dem Schock, ihren Freund verloren zu haben, drohte den beiden Männern nun eine Katastrophe. Ihr Zelt und ihre wasserdichte Kleidung waren in der Gletscherspalte verschwunden, desgleichen die meisten Nahrungsmittel. Der komplette Proviant für die Hunde war ebenfalls fort, dazu auch wichtige Werkzeuge wie Spitzhacke und Schaufel. Mawson und Mertz hatten noch einen Kocher, Brennstoff und ihre Schlafsäcke, doch für kaum mehr als zehn Tage zu essen.

Sie hatten keine andere Wahl, als umzukehren – eine Tour über mehrere Wochen mit überaus düsteren Aussichten. Immerhin würden sie auf dem Rückweg einige beschädigte Ausrüstungsteile wieder einsammeln können, die sie ein paar Tage zuvor zurückgelassen hatten und von denen sich manche angesichts der großen Gefahr doch noch als nützlich erweisen mochten. Blieb die Frage, wie sie an Essen kommen sollten.

Mawsons Meinung nach hatten sie zwei Möglichkeiten: erstens, sich wie auf dem Hinweg an der Küste zu halten, wo sie vielleicht Robben erlegen und so ihre Fleischvorräte aufstocken konnten. Doch war dieser Weg sehr viel länger, das Gebiet unzugänglicher und gefährlicher. Sich stattdessen weiter Richtung Süden zu bewegen, würde sie schneller zum Ausgangslager zurückbringen, ihnen aber kein Robbenfleisch verschaffen, was hieß, dass sie einige der Hunde opfern müssten. Eine furchtbare Entscheidung, vor der sie nun standen – und doch die einzige Möglichkeit, sich und die verbleibenden Tiere am Leben zu erhalten.

So rangen sie sich dazu durch, den schwächsten Hund als Ersten zu erschießen. Vor ihrem Aufbruch brieten sie etwas von dem Fleisch für sich selbst und warfen die rohen Reste dem hungrigen Rudel vor. Alles in allem schmeckte es gar nicht mal so schlecht, fand Mertz, nur die Leber hatte zu viele Sehnen und ließ sich schlecht kauen.

Mawson schlug vor, von nun an nachts zu marschieren; bei den niedrigeren Temperaturen würden sie auf dem fest gefrorenen Schnee schneller vorankommen als tagsüber. Rast machten sie in einem behelfsmäßigen Unterstand, den Mawson aus einer Zelthülle und Skistöcken zusammenschusterte.

Bei langen Expeditionen lässt oft nur der Gedanke an eine Pause und eine warme Mahlzeit die Polarforscher weiter durchhalten, doch da ihre Vorräte nunmehr so streng eingeteilt waren, mühten beide Männer sich verzweifelt, nicht daran zu denken, wie hungrig sie waren. Mit der Zeit schwächte der Nahrungsmangel ganz offensichtlich auch die Hunde. Zwei weitere wurden erschossen, und wie zuvor behielten die Männer die besten Teile für sich und gaben den noch übrigen drei Tieren den Rest.

Bald schon ereilte diese das gleiche Schicksal. Nun mussten die Männer alle Lasten selbst ziehen, sie fühlten sich zunehmend kränklich und ausgelaugt. Mawson vermerkte in seinem Tagebuch, aus Mertz' Gesicht sei »alle Farbe gewichen«; tatsächlich litten sie beide gleichermaßen an Durchfall und heftigen Bauchschmerzen und mussten feststellen, dass ihre Haut sich in großen Fetzen abzuschälen begann. Sie wussten nicht, dass es sich hierbei um ein klassisches Anzeichen von Vitamin-A-Vergiftung handelte, eine Nebenwirkung des Verzehrs von Hundeleber, die für Menschen tödlich ist.

Mertz ging es rasch sehr viel schlechter als Mawson, er hatte regelmäßig Krampfanfälle und konnte kaum noch sprechen. Seine Schwäche nahm rapide zu, und schließlich starb er friedlich eines Morgens um zwei Uhr früh. Damit war Mawson auf sich gestellt und mehr als 150 Kilometer von der sicheren Zuflucht entfernt. Schlimmer noch war sein Wissen darum, dass er die Hütte binnen der kommenden sieben Tage erreichen musste; misslang ihm dies, würde der grausame antarktische Winter wieder einsetzen, was hieß, dass das Schiff, das die Wissenschaftler nach Hause bringen sollte, erst acht Monate später wiederkommen und ihn abholen konnte.

Niedergeschlagen und halb erfroren ließ Mawson seinen toten Freund zurück, legte einen Rasttag ein und begutachtete in dieser Zeit seine Füße. Zu seinem Entsetzen fiel die Haut buchstäblich in zwei Hälften von den Sohlen ab – eine weitere Wirkung des Verzehrs von Hundeleber. Er legte an beiden Füßen feste Verbände an und zog sechs Paar Socken darüber, damit alles am Platz blieb. Dann machte er sich unter unsäglichen Schmerzen erneut auf seinen langen, nunmehr einsamen Weg.

Immer wieder gab der Boden unter ihm nach, und irgendwann stürzte Mawson, wie vor ihm Ninnis, in eine tiefe Gletscherspalte. Seine einzige Rettung war das mit dem Schlitten verknüpfte Seil; der Schlitten selbst hatte sich am Rand der Spalte verkeilt. Voller Furcht, dass er es niemals bis zur Hütte zurück schaffen würde, mühte er sich verzweifelt um genügend Kraft und Willensstärke, um sich an dem Seil hochzuziehen. Eine Zeitlang hing er einfach nur da, dann kam von irgendwo aus seinem Inneren die Energie, die er brauchte, und er begann zu klettern. Die Anstrengung brachte ihn beinahe um; als er wieder an der Oberfläche war, konnte er sich nur noch auf den gefrorenen Boden legen, wo er zwischen Wachzuständen und Bewusstlosigkeit schwebte.

In dem endlosen Schneesturm völlig auf sich gestellt, benötigte er für simple Dinge wie das Errichten des Unterschlupfs nunmehr Stunden, und dass er den Schlitten selbst ziehen musste, ließ ihn Tag um Tag langsamer vorankommen. Angesichts des Gedankens, dass er die Hütte womöglich nie erreichen würde, erwog er mehrfach aufzugeben. Einfach das bisschen essen, was ihm noch geblieben war, und dann auf den Tod warten. Zum Glück widerstand er dieser Versuchung. Trotz des nagenden Hungers hoffte er das Beste und beschloss weiterzuziehen, so schnell er eben konnte.

Drei Wochen nach Mertz' Tod war Mawson immer noch viele Kilometer vom Ausgangslager entfernt, und das Wetter verschlechterte sich. Die Eisdecke unter seinen Füßen erschwerte das Gehen mehr denn je, doch er kämpfte sich voran. Bald hatte er nur noch eine Handvoll Rosinen, etwas Schokolade und ein paar Fetzen Hundefleisch. Irgendwie gelang es ihm, mehr als zwanzig Kilometer ohne Pause zurückzulegen, und dann noch einmal fast zehn, nach ein paar Stunden unruhigen Schlafs in seinem zerschlissenen Schlafsack.

Bis zum 8. Februar war er einen vollen Monat allein unterwegs gewesen. Nur wenige Kilometer vor seinem Ziel verflog wie durch ein Wunder der Schneesturm. Plötzlich herrschte um Mawson herum Stille und Klarheit, und er konnte dunkle Umrisse vor sich sehen – waren es Felsen oder Menschen? Als sie sich auf ihn zubewegten, begriff er, dass seine qualvolle Flucht vor dem Tod zu guter Letzt ein Ende gefunden hatte.

Die ersten Worte, die seit Wochen an sein Ohr drangen, sagten alles über seinen körperlichen Zustand. »Großer Gott«, sagte einer seiner Forscherkollegen, »welcher von den dreien sind Sie?« Nach den mörderischen Strapazen war Mawson so abgekämpft und heruntergekommen, dass die anderen aus seinem Team ihn nicht mehr erkannten. Ihnen blieb nichts, als ihm eine warme Mahlzeit zu kochen und zu hoffen, dass er sich mit der Zeit erholen würde.

Das Rettungsschiff hatte Stunden zuvor an eben jenem Tag abgelegt, doch sechs tapfere Männer waren freiwillig vor Ort geblieben – für den Fall, dass irgendjemand von dem Expeditionsteam doch noch zurück ins Lager kommen würde. Und nun hatte es einer geschafft. Erst nach vielen Monaten kam wieder ein Schiff zur Abholung, und erst nach einem Jahr waren alle wieder zu Hause, doch Douglas Mawson befand sich allmählich auf dem Weg der Genesung.

HANS PETER STRELZYK UND GÜNTER WETZEL
Die Freunde, die mit einem Ballon die Grenze überquerten
(Deutschland, 1979)

Mehr als vierzig Jahre lang, von 1949 bis 1990, war Deutschland aufgrund politischer Differenzen geteilt. Diejenigen Deutschen, die in dem kommunistisch beherrschten Ostteil (der DDR) lebten, durften nicht in den Westen; eine schwer befestigte Grenze mit Kampfhunden, Wachtürmen und Minenfeldern hinderte sie sogar an Besuchen bei Freunden und Familienangehörigen, die auf der anderen Seite wohnten.

Dennoch gab es zahlreiche Versuche, die Grenze zu überwinden, und dabei starben mehrere hundert DDR-Bürger, die hofften, im Westen ein besseres Leben zu finden. Manche wurden von Grenzbeamten erschossen, andere von Minen getötet. Dennoch wollten sich viele nicht geschlagen geben und ließen sich häufig erstaunliche neue Methoden einfallen, um aus ihrer Landeshälfte zu fliehen.

Einen der kühnsten Pläne heckten der ehemalige Flugzeugmechaniker Hans Peter Strelzyk und sein Freund, der Maurer Günter Wetzel, aus. Sie wollten sich mitsamt ihren Frauen und vier kleinen Kindern aus Ostdeutschland herausschmuggeln, wussten jedoch, dass eine Flucht auf dem Landweg zu gefährlich war. Nachdem sie im Fernsehen eine Dokumentation über die Anfangszeit menschlicher Flugunternehmungen gesehen hatten, beschlossen sie den Versuch zu wagen, die Grenze zu überfliegen, und zwar in so großer Höhe, dass die Wachposten unter ihnen sie nicht entdecken und abschießen konnten.

Dank seiner Erfahrungen in der Luftfahrtindustrie wusste Strelzyk, dass sie auf keinen Fall an ein Flugzeug kommen würden. Aber einen einfachen Flugapparat zu konstruieren, das musste möglich sein, dachte er; und so entschieden die beiden Männer, für ihre Zwecke einen Heißluftballon zu bauen.

Selbst wer über Geld verfügte, tat sich in kommunistischen Ländern oft schwer, bestimmte Dinge zu erwerben. Die ostdeutsche Geheimpolizei (Stasi) hätte es höchst verdächtig gefunden, wenn ihr zu Ohren gekommen wäre, dass jemand einen Heißluftballon oder die für einen Eigenbau nötige Ausrüstung kaufen wollte. Daher mussten Wetzel und Strelzyk sich etwas einfallen lassen. Der Ballon sollte heimlich bei ihnen zu Hause gefertigt werden, aus Materialien, die die beiden Männer und ihre Familien besorgen konnten, ohne dass jemand auf den Gedanken kam, sie würden eine Flucht planen.

Nach ihrer Berechnung ließ sich durch vier miteinander verschraubte Propangasflaschen, die in normalen Haushalten gebräuchlich waren, der Brenner betreiben, der die Luft in dem Ballon aufheizte. Einen Gondelkorb zu bauen, der unter dem Ballon hing und die Passagiere aufnahm, war ebenfalls nicht sonderlich schwer. Allerdings war beiden Männern klar, dass ein Ballon, mit dessen Hilfe acht Menschen vom Boden abheben konnten (auch wenn vier davon Kinder waren), riesengroß sein musste, und das hieß, sie brauchten jede Menge passenden Stoff.

Diesen kauften sie in vielen verschiedenen Läden und jeweils nur in kleinen Mengen. Um noch weiter zu verschleiern, was sie vorhatten, gaben sie an, den Stoff zum Zelten oder Segeln zu benötigen. So konnten sie am besten vermeiden, Verdacht auf sich zu ziehen, mussten dafür aber weite Strecken in Kauf nehmen und die Stoffteile in mühevoller Kleinarbeit zusammennähen. Die Männer und ihre Frauen Petra und Doris brauchten mehrere Monate und viele Stunden an einer uralten Nähmaschine, um einen Ballon mit einundzwanzig Metern Durchmesser zu fertigen.

Keiner von ihnen hatte auf diesem Gebiet Erfahrung, und so dauerte es allein schon eine Weile, bis sie das geeignetste Material fanden. Manche Stoffe entpuppten sich als zu dünn und zu luftdurchlässig. Andere waren dichter, aber sehr viel schwerer, was bedeutete, dass der Ballon Mühe haben würde, vom Boden wegzukommen. Acht Leben standen auf dem Spiel, es musste also alles bis aufs i-Tüpfelchen stimmen; daher dachte sich Wetzel eine einfache Vorrichtung aus, mit der sich die Luftdurchlässigkeit eines jeden Stoffmaterials testen ließ. Mithilfe eines alten Staubsaugers maß er, wie viel Luft jeweils austrat, und wog die einzelnen Stofffabrikate, um zu entscheiden, welches das ideale war.

Trotz dieser sorgsamen Vorbereitungen schlugen die ersten beiden Versuche fehl. Da die beiden Familien sich beim ersten Mal beobachtet glaubten, wurde der Ballon hastig eingepackt und dabei schwer beschädigt. Der zweite Versuch bescherte ebenfalls Probleme, weil es so viel Brennstoff erforderte, den Ballon mit heißer Luft zu füllen, dass für den Flug über die Grenze nicht mehr genug übrigblieb.

Im Übrigen sorgten sich die Männer, dass ihr Geheimnis gelüftet worden war, denn in einer Lokalzeitung erschien ein Artikel, dass die Stasi nach Personen suche, die Auskunft über einen Fluchtversuch per Ballon geben konnten. Nach der Lektüre dieses Aufrufs wurde den beiden Ehepaaren klar, dass sie entweder rascher vorgehen oder ihre Fluchtpläne gänzlich aufgeben mussten. Nach einer gemeinsamen Besprechung beschlossen sie, es so schnell wie möglich ein drittes Mal zu versuchen, diesmal mit einem Ballon aus noch leichterem Stoff.

Wetzels Experimenten zufolge war die ideale Lösung eine Mischung aus Regenschirmseide, Zeltnylon und Taft, einem leichten Gewebe, das für Hochzeits- und Ballkleider verwendet wird. Wieder unternahmen die Beteiligten alle Anstrengungen, um ausreichende Mengen einzukaufen, ohne Verdacht zu erregen.

An den Wochenenden fuhren Strelzyk und die beiden Frauen viele Kilometer weit zu entsprechenden Geschäften. Wetzel und eins der älteren Kinder blieben zu Hause und nähten an dem Ballon.

Was die Einkäufer schließlich zusammentrugen, hätte die Fläche von sieben Tennisplätzen abdecken können. Dennoch wurden zur Fertigstellung des Ballons auch noch Bett-Inletts benötigt, da in einigen Läden die Vorräte ausgegangen waren. Die beiden Familien mussten nun rasend schnell arbeiten, damit der Ballon noch vor Sommerende einsatzbereit war: Bei nassem Wetter wurde das Fliegen zu gefährlich, und außerdem konnte sie jederzeit die Stasi aufspüren.

Es war Knochenarbeit, doch Mitte September hatten sie es geschafft, und es herrschten hinreichend klare Wetterbedingungen für einen dritten Versuch. Zu einem Testflug blieb keine Zeit; die Familien Strelzyk und Wetzel hofften einfach auf einen Erfolg und fuhren zu einem Hügel zwischen Oberlemnitz und Heinersdorf. Diese Stelle lag nicht allzu weit von der Grenze entfernt, versteckt auf einer Waldlichtung, und bot sich als Startplatz förmlich an. Sie planten, gegen Mitternacht abzuheben, da sie im Dunkeln weniger gut gesichtet werden konnten.

Zunächst suchten sie längere Zeit das Gelände ab, um sicherzugehen, dass niemand sie beobachtete. Dann begannen die Fluchtwilligen so rasch und leise wie nur irgend möglich ihre Ausrüstungsteile zu montieren. Der Gondelkorb wurde mit vier kurzen Seilen im Boden verankert, dann montierten die Männer die Propangasflaschen an Ort und Stelle. Nun dauerte es nur noch fünf Minuten, bis der riesige Ballon aufgeblasen war, was einen Riesenlärm verursachte und alle in Sorge versetzte, jemand könne nachsehen kommen, was da vor sich ginge.

Die hell lodernden Gasbrenner mochten ebenfalls Verdacht erregen. Mit einem Stoßgebet, dass niemand den Lichtschein bemerken würde, kletterten die beiden Familien in den Gondelkorb und machten sich startbereit. Als die Luft im Ballon ausreichend erwärmt war, hoben sie langsam vom Boden ab – ihr Plan funktionierte! Wetzel und Strelzyk kappten die vier Seile, und der Ballon stieg rasch in die kühle Nachtluft empor.

Im Licht der Gasbrenner sahen sie einen Riss in der Stoffhülle, ansonsten schien alles glatt zu laufen. Binnen Minuten befanden sie sich in fast siebenhundert Metern Höhe, eine starke Luftströmung erfasste sie und ließ sie rasch vorankommen. Die Fahrt muss so berauschend wie beängstigend gewesen sein – schließlich handelte es sich hier um einen ungetesteten, selbstgebastelten Ballon, besetzt von Amateuren ohne jede Ausbildung.

Zum einen ließ sich unmöglich sagen, mit welcher Geschwindigkeit sie sich fortbewegten. In ihrer Flughöhe war es außerdem ziemlich kalt, und mitten in der Nacht brannten unter ihnen keinerlei Lichter, die ihnen Aufschluss gegeben hätten, wo sie waren. Der Ballon kreiselte unentwegt, sodass sie rasch die Orientierung verloren und nicht wussten, ob der Wind sie in die gewünschte Richtung trug.

Bald jedoch sahen sie Suchscheinwerfer in der Ferne, was vermuten ließ, dass sie sich der Grenze näherten. Starke Lichtstrahlen strichen wiederholt über den nächtlichen Himmel, doch die beiden Familien hegten die Zuversicht, dass der Ballon in dieser Höhe nicht zu entdecken war.

Einige Minuten später begannen die Brenner zu stottern und verstummten schließlich. Nach etlichen verzweifelten Versuchen, sie wieder in Gang zu setzen, begriffen die Männer, dass ihnen das Gas ausgegangen war. Der Ballon konnte nur noch sinken, was zum Glück recht sanft vonstattenging. Nach einer Weile machten die Gondelfahrer in der fast völligen Finsternis Baumkronen aus, und dann setzte der Korb auch schon unvermittelt mit einem Rumms auf dem Boden auf. Ein verschlammtes Feld irgendwo im Nirgendwo markierte das Ende ihrer Flucht in die Freiheit.

Keiner von ihnen hatte eine Ahnung, wo sie gelandet waren. Sie mussten mit der Möglichkeit rechnen, dass es ihnen nicht gelungen war, die Grenze zu überqueren, bevor ihnen das Gas ausging. Die Grenze war ganz in der Nähe, das wussten sie, aber verlief sie vor oder hinter ihnen? Eher erschöpft als furchtsam und völlig durchgefroren entfernten sich die acht Passagiere von dem Ballon. Es war ihnen wohlbewusst, dass sie statt auf einen freundlichen westdeutschen Bauern auf ostdeutsche Grenzwachposten mit Maschinengewehren stoßen mochten.

Über mehrere Felder hinweg kamen sie zu einem Bauernhaus. Die Kinder und ihre Mütter versteckten sich, die Männer begaben sich auf Erkundungstour. Unterwegs entdeckte einer der beiden ein Schild an einem Stahlmast, auf dem »Überlandwerk« stand – eine Bezeichnung, die keiner der beiden von zu Hause kannte. In einer verlassenen Scheune stießen sie auf einen landwirtschaftlichen Fuhrpark – blitzblank glänzende Fahrzeuge, viel moderner und offensichtlich leistungsstärker als die in Ostdeutschland eingesetzten alten Traktoren. Zum ersten Mal wagten die Männer zu hoffen, dass ihr Plan aufgegangen war.

Während sie noch dastanden und überlegten, wie es weitergehen sollte, kam ein Auto auf sie zu, dem ein paar uniformierte Männer entstiegen. Zu ihrer Erleichterung waren Wetzel und Strelzyk die Uniformen unbekannt. Es mussten wohl die der westdeutschen Polizei sein, mutmaßten sie, und nicht die der verhassten Volkspolizei. Um sicherzugehen, fragte er, ob sie in Westdeutschland seien. »Natürlich«, erwiderte einer der Polizisten. »Wo sonst?«

Es brauchte eine Weile, um diese Frage zu beantworten und zu erklären, wie sie dorthin geraten waren, doch es zählte einzig und allein, dass die Strelzyks und die Wetzels nun frei waren. Natürlich interessierten sich die Medien sehr für die Geschichte, auf welche Weise den beiden Familien die Flucht gelungen war, doch nach gewisser Zeit legte sich die Aufregung, und die acht konnten sich in Westdeutschland ein neues Leben aufbauen.

TAMI OLDHAM
**Die Frau, die in einen Hurrikan segelte
(Pazifischer Ozean, 1983)**

Die dreiundzwanzigjährige Tami Oldham und ihr Verlobter Richard Sharp, beide begeisterte und erfahrene »Seebären«, waren mit einer Luxussegeljacht von Tahiti im Südpazifik zu der US-amerikanischen Hafenstadt San Diego unterwegs. Für die Fahrt hatten sie einen Monat veranschlagt und freuten sich angesichts der guten Wettervorhersage auf eine herrliche Segeltour und ein großes Abenteuer. Schon bald jedoch wurde die Traumreise zum Überlebenskampf – als ihr Boot in einen Hurrikan der Kategorie 4 (»sehr schwer«) geriet.

Bei Windgeschwindigkeiten von bis zu 240 Stundenkilometern wurde die vierzehn Meter lange *Hazana* rasch zum Spielball riesiger Wellen, und eine feste Wand aus salziger Gischt nahm den beiden fast völlig die Sicht. Auf dem Weg zu ihrer Kabine unter Deck stieß sich Oldham infolge einer besonders heftigen Welle so unglücklich den Kopf, dass sie das Bewusstsein verlor; unterdessen mühte Sharp sich oben, das Boot unter Kontrolle zu halten. Schließlich kenterte es, und als Oldham wieder zu sich kam, war von ihrem Freund nichts mehr zu sehen. Die *Hazana* hatte sich wieder aufgerichtet, trieb nun jedoch schwerbeschädigt und hilflos dahin. Der Großmast war verschwunden, und Oldham genügte ein Blick, um festzustellen, dass im Rumpf das Wasser einen Meter hoch stand und das gesamte Stromsystem sowie den Motor außer Kraft gesetzt hatte.

Oldhams Schätzung nach war sie von Hawaii, dem am nächsten gelegenen Festland, mindestens 2250 Kilometer entfernt. Sie hatte neben anderen üblen Verletzungen eine blutende Kopfwunde und musste sich der grausamen Erkenntnis stellen, dass der Mann ihres Lebens offenbar über Bord gespült worden war. Zwar verband ihn an Deck stets eine Rettungsleine mit dem Boot, doch war diese in dem tobenden Sturm wohl gerissen.

Nach ihrer Armbanduhr zu urteilen, war sie fast drei Stunden bewusstlos gewesen, so glaubte Oldham. In Wirklichkeit hatte sie nach dem schmerzhaften Schlag gegen ihren Kopf nahezu siebenundzwanzig Stunden lang regungslos unter Deck gelegen.

In Anbetracht ihrer Lage verspürte sie die überwältigende Versuchung aufzugeben und wäre anfangs diesem Impuls auch beinahe gefolgt – so unüberwindlich erschien die Herausforderung, vor der sie stand. Immer noch wie betäubt durch den Tod ihres Verlobten brachte sie ein paar Tage zu, ohne irgendetwas zu tun oder auch nur etwas zu essen. Erst allmählich dämmerte ihr, dass sie sich zusammenreißen musste, statt einfach aufzugeben und auf den Tod zu warten.

Ein Notruf war nicht möglich. Das Funkgerät, das hochentwickelte elektronische Navigationssystem und die Positionsanzeige in Notfällen – all das, womit die Jacht ausgerüstet war, hatte der Sturm zerstört. Immerhin gab es noch reichlich Essen und Trinkwasser an Bord, und Oldham war eine begabte, kundige Seglerin. Sie und Sharp hatten mehr als fünfzigtausend Meilen auf See zu verzeichnen – eine Strecke, die sie zweimal rund um den Äquator gebracht hätte –, daher wusste sie, dass sie über die nötigen Fähigkeiten verfügte, um irgendwo Festland zu erreichen.

Sie wusste auch, wie sich ein Kurs mittels der Positionen von Sonne und Sternen ermitteln ließ; dazu brauchte sie ihre Armbanduhr und einen Sextanten, ein traditionelles Navigationsgerät. Irgendwie hatte das Ruder den Ansturm des Hurrikans unbeschadet überstanden; das Boot konnte also noch gesteuert werden, und Oldham war zuversichtlich, dass sie aus den geborgenen Wrackteilen einen behelfsmäßigen Mast samt Segel würde basteln können. Dies entpuppte sich jedoch als schwierig, weil das Boot nicht nur gekentert war, sondern sich offenbar auch noch überschlagen und dabei schwere Schäden davongetragen hatte.

Die Hauptgefahr aber bestand darin, dass sie irgendwo mitten im Pazifik trieb, dem bei weitem größten Ozean der Welt. Allein seine Ausmaße – rund 180 Millionen Quadratkilometer, etwa ein Drittel der gesamten Erdoberfläche – verboten es ihr, sich einfach weiter treiben zu lassen. Es bestand keine Hoffnung, dass jemand sie finden würde. Sie musste sich aus eigener Kraft in Sicherheit bringen.

Die dringendste Aufgabe war, das Wasser aus dem Rumpf herauszupumpen und dann alles loszuwerden, was der Sturm kurz und klein geschlagen hatte. Damit sie sich an Deck sicher bewegen konnte, musste sie es von zerborstenen Spieren und zerfetzten Segeln freiräumen sowie die Seile ordentlich verstauen. Zu Letzteren gehörten auch die Reste von Sharps Rettungsseil, das infolge der Wucht des Hurrikans abgerissen war.

Die Vernunft gebot, eins nach dem anderen anzugehen, sich einen Plan zurechtzulegen und diesem konzentriert zu folgen. Wenn man allein vor mörderischen Anstrengungen steht, mag es unmöglich scheinen, sie zu bewältigen; doch gleich anderen Menschen in lebensbedrohlichen Lagen hörte Oldham auf eine Stimme in ihrem Kopf – vielleicht eine Art guter Geist –, die ihr Mut machte, durchzuhalten. Sie lauschte dieser Stimme und begriff: Eine Chance zu überleben hatte sie nur dann, wenn sie überleben *wollte*.

Aus einem der kleineren Segel, die während des Sturms unter Deck sicher verstaut gewesen waren, fertigte sie ein behelfsmäßiges Großsegel. Nach ein paar Übungstagen mit dem Sextanten konnte sie bestimmen, wo sie sich befand. Mithilfe der an Bord befindlichen Seekarten und der Meeresströmungen würde sie einen Kurs einschlagen können, der sie Richtung Hawaii brachte.

Mit dem kleinen Hilfssegel kam die *Hazana* sehr viel langsamer voran als bisher. Ohne Sharp musste Oldham außerdem allein rund um die Uhr dafür sorgen, dass das Boot weiter Kurs hielt. Bis sie in Sicherheit war, würden vermutlich noch viele Wochen vergehen, und das hieß, ihr stand ein aufreibendes Programm bevor: Da ihr niemand mehr zur Seite stand, würde sie lange Zeit nicht mehr ordentlich schlafen und wieder zu Kräften kommen können.

Die Eintönigkeit dieses Programms setzte ihr zu und schlug ihr schwer auf die Stimmung; Höhepunkt eines jeden Tages war die Bestimmung ihres Standorts mithilfe des Sextanten – hier war ihr Geist gefragt, eine willkommene Abwechslung von der körperlichen Schinderei. Ein guter Segler hält jeweils den Zeitpunkt fest, an dem die Sonne ihren Höchststand erreicht hat, sowie den Moment, in dem sie unter dem Horizont abtaucht, und kann so seine Position sehr präzise bestimmen. Mithilfe dieser Berechnungen konnte Oldham sicher sein, dass sie tatsächlich Kurs auf Hawaii hielt, sowie sich ausrechnen, welche Strecke sie seit dem Vortag zurückgelegt hatte.

Auf hoher See kann das Wetter vom einen zum anderen Moment umschlagen, doch zum Glück ballte sich kein weiterer Hurrikan zusammen. An guten Tagen legte Oldham ihren Schätzungen nach bis zu neunzig Kilometer zurück; mitunter jedoch war der *Hazana* auch buchstäblich der Wind aus den Segeln genommen und sie dümpelte mehr oder weniger vor sich hin. Insgesamt kam das Boot mit einem einzigen kleinen Segel auf der riesigen Strecke nur langsam voran, und so dauerte es fast sechs Wochen, bis Oldham – ausgelaugt und ausgemergelt – Festland und ein anderes Schiff sichtete.

Es war am einundvierzigsten Tag, als sich ihr Schicksal endlich zum Guten wendete. Die Besatzung eines japanischen Forschungsschiffs namens *Hokusei Maru* entdeckte sie und nahm die *Hazana* ins Schlepptau. Kurz darauf stieß eine Abordnung der US-Küstenwache zu ihnen und geleitete sie bis zum Hafen von Hilo auf Big Island, der größten Insel Hawaiis.

Oldham war in Sicherheit, hatte mittlerweile aber erheblich an Gewicht verloren. Außerdem stand sie nach den überstandenen Qualen immer noch unter einem schweren Schock. Andererseits wusste sie eines: Sie hatte nicht nur

Trauer, Furcht und Depressionen bekämpft, sondern auch den mächtigen Pazifik bezwungen. Dass es ihr gelungen war, fast 2300 Kilometer offener See zu durchsegeln, damit hatte sie eine schier unglaubliche Mischung aus Fähigkeiten, Kenntnissen und eiserner Entschlossenheit bewiesen – indem sie auf eine Stimme hörte, die ihr sagte, sie müsse sich für das Leben entscheiden.

ROGER CHAPMAN
UND ROGER MALLINSON
Die Männer, die sich auf dem Meeresboden ein Sandwich teilten
(Atlantik, 1973)

Etwa 225 Kilometer von der irischen Küste entfernt war das Tauchboot *Pisces III* im Einsatz, um unterseeische Telefonkabel von Europa nach Nordamerika zu verlegen. Früh an einem Mittwochmorgen erwarteten die beiden Bootsführer, Roger Chapman und Roger Mallinson, eine normale Acht-Stunden-Schicht in fast fünfhundert Metern Tiefe auf dem Boden des Atlantiks vor sich zu haben. Chapman und Mallinson gehörten zu einem Team, dessen Aufgabe darin bestand, Pumpen und Stahlrohre zu installieren, mit denen durch Schlamm und Sand ein Freiraum für die Kabel geschaffen wurde. Die Arbeit in einer derartigen Tiefe war grundsätzlich nicht ungefährlich, doch die Männer hatten Erfahrung und an diesem Punkt bereits viele solcher Einsätze hinter sich.

Die Tauchfahrt bis zum Meeresboden dauerte etwa vierzig Minuten. Dort angelangt, erforderte die Arbeit von beiden Teammitgliedern höchste Konzentration. Um sie herum herrschte ewige Nacht, und umherwirbelnde Teilchen nahmen ihnen noch mehr von der ohnedies schlechten Sicht. Hinzu kam ihre beengte Lage – ein annähernd runder Innenraum von kaum mehr als zwei Metern Durchmesser. Beide Männer mussten die ganze lange Schicht auf Knien und weit vornübergebeugt zubringen.

Abwechselnd übernahmen sie das Steuer oder kontrollierten einen riesigen mechanischen Greifer, den sogenannten Manipulator. Mit seiner Hilfe werden die Gerätschaften außerhalb des Tauchboots positioniert, während dieses mit einer Geschwindigkeit von etwa einem Stundenkilometer gemächlich über den Meeresboden zieht.

Mallinson hatte schon lange vor Beginn der Schicht schwer geschuftet und einen Großteil des vorangegangenen Tages sowie der Nacht damit zugebracht, den Manipulator zu reparieren, der bei einem früheren Tauchgang beschädigt worden war. Als ausgebildeter Ingenieur war Mallinson mit sämtlichen komplexen Details der *Pisces III* vertraut. Während der Vorbereitung auf den neuen Tauchgang ersetzte er unter anderem den leeren Sauerstoffbehälter des Bootes durch einen vollen, der reichlich Gas für die kommende Acht-Stunden-Schicht enthielt.

Sein Kollege brachte einen ganz anderen Hintergrund mit.

Chapman war U-Boot-Fahrer bei der britischen Marine gewesen und von daher an wesentlich größere Schiffe gewöhnt. Bei Patrouillefahrten musste er damals stets sehr viel länger unter Wasser bleiben, als es sein gegenwärtiger Job erforderte.

Ihre Schicht verlief ohne besondere Vorkommnisse. Zur Sicherheit wurden die gesamten acht Stunden von einer eingebauten Videokamera aufgezeichnet; überaus wichtig war auch der sogenannte Lithiumhydroxid-Ventilator, der das von den Männern ausgeatmete gefährliche Kohlendioxid aufsaugte. Nach Ende der Schicht dümpelte *Pisces III* auf der Wasseroberfläche. Sobald das entsprechende Seil an dem Boot angebracht war, würden die Männer zurück zu dem Versorgungsschiff gezogen werden.

Dieser Teil der Prozedur war immer laut und unangenehm, mit viel Krach und Gehämmer, während ihre Mannschaftskollegen das Seil an dem Tauchboot festmachten. Doch diesmal ging etwas gründlich schief. In ihrer engen Kabine wurden Mallinson und Chapman plötzlich herumgeschleudert, das Boot verlor an Auftrieb und sank wieder Richtung Meeresboden.

Unseligerweise war nach dem Öffnen einer Luke der rückwärtige Teil des Tauchboots mit Wasser vollgelaufen, was das Gefährt um fast eine Tonne schwerer machte. Es sackte rasend schnell ab. Das konnten die beiden Männer nicht verhindern, aber dank ihrer Ausbildung und Erfahrung wussten sie, dass sie das Sinken zumindest irgendwie verlangsamen mussten, um bei dem Aufprall des Boots auf dem Meeresboden nicht zermalmt zu werden.

Ausrüstungsgegenstände flogen durch die Kabine, hier und da brachen Teile ab, während *Pisces III* weiter in die Tiefe trudelte. So rasch sie konnten, schalteten Mallinson und Chapman alle Stromgeräte aus. In völliger Dunkelheit gelang es ihnen, ein 180 Kilo schweres Bleigewicht abzukoppeln, das unter normalen Umständen zu Beginn jeder Schicht dazu diente, das Tauchboot bis zum Meeresboden absinken zu lassen.

Die Ereignisse überschlugen sich nun förmlich, der Motor kreischte, Druckmessgeräte und andere Instrumente wirbelten umher, während das Boot kreiselnd außer Kontrolle geriet. Die beiden Männer schützten sich mit Sitzkissen, stopften sich Stofffetzen in den Mund, damit sie sich nicht die Zunge abbissen, und wappneten sich so gut wie möglich für den unvermeidlichen Aufprall.

Dieser erfolgte nach grauenhaften dreißig Sekunden im Dunkeln und war brutal. Im Nachhinein wurde festgestellt, dass sie mit einer Geschwindigkeit von etwa vierundsechzig Stundenkilometern aufgeschlagen waren; wundersamerweise blieben sie unverletzt. Allerdings wurde ihnen sofort klar, dass sie mit dem schwer beschädigten Boot nicht aus eigener Kraft wieder an die Oberfläche gelangen konnten. In fast fünfhundert Metern Tiefe und in Stockfinsternis waren die Männer völlig auf sich gestellt.

Im Schein einer Taschenlampe begutachteten sie das Chaos um sie her. Zu ihrer Überraschung konnten sie weiterhin Verbindung mit dem Versorgungsschiff aufnehmen. Ein kurzes Telefongespräch schuf Klarheit darüber, dass es beiden Männern gut ging und unverzüglich Rettungsmaßnahmen eingeleitet werden würden. Dabei wussten alle Beteiligten, welch gewaltige Herausforderung dies darstellte und dass noch nie Menschen aus solch einer Tiefe gerettet worden waren.

Es muss eine Erleichterung für Chapman und Mallinson gewesen sein, dass sie dank des am Vortag ausgewechselten Behälters zumindest jede Menge Sauerstoff hatten. Vollgefüllt reicht er für zweiundsiebzig Stunden (sprich drei Tage und drei Nächte), von denen sie während ihrer Schicht bisher nur acht verbraucht hatten. Zu essen und zu trinken hatten sie lediglich ein einziges Käse-Chutney-Sandwich und eine Dose Limonade. Zum Glück verspürte keiner der beiden Männer großen Hunger.

In dieser Tiefe war es extrem kalt, doch da die zwei wussten, dass man bei viel Bewegung wesentlich mehr Sauerstoff benötigt, befanden sie es für die beste Lösung, sich eine halbwegs bequeme Position zu suchen und stillzuhalten. Wichtig war außerdem, den Kopf so hoch wie irgend möglich zu recken, da verbrauchte Luft schwerer ist als frische und sich daher schon bald am Boden der Kabine ablagern würde. Von nun an sprachen sie kein Wort mehr – auch dadurch ließ sich Sauerstoff sparen –, drückten sich aber hin und wieder die Hand, um einander zu signalisieren, dass alles in Ordnung war.

Über ihnen war eine großangelegte Rettungsaktion im Gang. Das Versorgungsschiff selbst konnte wenig mehr tun, als die Lage zu überwachen, doch ein Schwester-Tauchboot, *Pisces II*, erhielt den Befehl, zum nächstgelegenen Hafen zurückzukehren und sich an der Aktion zu beteiligen. Eine Nimrod von der Royal Air Force kreiste am Himmel, und auch die HMS *Hecate* der britischen Marine eilte herbei. Dazu gesellten sich das kanadische Küstenwachschiff *John Cabot* sowie *Curv II*, ein hochspezialisiertes Tauchboot der US-Marine, das bei der Bergung atomarer Waffen aus Tiefseegebieten zum Einsatz kam.

Der Heimatstützpunkt von *Curv II* lag im fast neuntausend Kilometer entfernten Kalifornien, doch erstaunlicherweise war das Boot binnen vierundzwanzig Stunden an Ort und Stelle. Sein Name ist eine Abkürzung für »Cable-controlled

Undersea Recovery Vehicle« (in etwa »Kabelgesteuertes unterseeisches Rettungsfahrzeug«), dementsprechend war es für die Aktion ideal geeignet. Dennoch – und insbesondere, nachdem sich auch noch eine Schlechtwetterfront zusammengebraut hatte – blieb die Bergung des Tauchboots aus solch extremer Tiefe zweifellos eine überaus schwierige Aufgabe.

Bis die *Curv II* einsatzbereit war, hatten die beiden Männer schon sechsunddreißig Stunden in ihrer Kabine festgesessen, was hieß, dass die Hälfte ihrer Sauerstoffvorräte aufgebraucht war. Um Strom zu sparen, schalteten die Männer den Lithiumhydroxid-Ventilator statt wie generell empfohlen alle vierzig Minuten nur noch sehr selten ein. Das wiederum bedeutete, dass die Luftqualität in der Kabine rapide abnahm und ihnen das Atmen erschwerte.

Außerdem machte die verbrauchte Luft die Männer schläfrig und träge. Keiner von beiden rührte das Sandwich oder die Limonade an. Beide machten sich Sorgen um ihre Familien. Chapman war frisch verheiratet, und Mallinson hatte vier kleine Kinder. Während der langen Wartezeit hob eine persönliche Botschaft von Queen Elizabeth kurzfristig ihre Stimmung, wobei sich herausstellte, dass sie nicht von der britischen Königin, sondern von der Besatzung des berühmten Kreuzfahrtschiffs *Queen Elizabeth II* stammte.

Am Freitag – mehr als zwei Tage nachdem die Männer ihre Schicht angetreten hatten – wurde ein erster Versuch gestartet, das Boot vom Meeresboden heraufzuholen. Leider scheiterte er, weil ein Tauchboot sein Seil beschädigte, bevor es die nötige Tiefe erreicht hatte. Ein zweites Tauchboot konnte die beiden Männer orten, musste jedoch wieder an die Wasseroberfläche, weil ihm der Treibstoff ausgegangen war. Und als *Curv II* eben abtauchen wollte, wurde ein elektrischer Defekt entdeckt und die Aktion abgeblasen.

Chapman und Mallinson wurden über die Vorgänge auf dem Laufenden gehalten, doch gegen Mitternacht schwanden ihre Hoffnungen immer rascher dahin. Ihre Frist von zweiundsiebzig Stunden war nunmehr offiziell abgelaufen. Zudem hatten sie kein Lithiumhydroxid mehr, das hieß, der Ventilator blieb ausgeschaltet – und über ihnen befanden sich mittlerweile mehr defekte als funktionierende Wasserfahrzeuge. Über das Telefon hörten sie mitunter die munteren Laute von Delfinen, die die Schiffe umschwammen, doch das änderte nichts an ihrer eigenen, fatalen Lage.

Die ganze Nacht hindurch wurde daran gearbeitet, die *Curv II* wieder in Gang zu bringen, und am Samstagmorgen gelang es endlich, zunächst ein Seil und dann noch eins am Tauchboot der Männer zu befestigen. Nun erst beschlossen sie, sich das Käse-Chutney-Sandwich und die Limonade zu teilen, obwohl zu diesem Zeitpunkt keiner der beiden so recht an einen Erfolg der Rettungsaktion glaubte.

Langsam hoben sie vom Meeresboden ab, doch irgendetwas schien ganz und gar nicht zu stimmen. Die *Pisces III* wurde hin und her geschleudert und die Aktion zweimal gestoppt, was den beiden Männern Höllenqualen bescherte. Beim ersten Versuch verfing die *Curv II* sich in den Seilen und musste losgemacht werden. Dann, etwa dreißig Meter unter der Wasseroberfläche, mussten die zwei wieder warten, während Taucher dickere Seile anbrachten, um sicherzugehen, dass das Boot nicht noch einmal absank.

Alles in allem dauerte es zweieinhalb Stunden, bis es über Wasser war, und selbst dann hatte die Mühsal noch kein Ende. Zunächst wurde vermutet, die beiden Männer könnten bei dem raschen Aufstieg zu Tode gekommen sein, und als die beschädigte Luke erst nach dreißig Minuten aufgestemmt war, bestand ernsthafte Sorge wegen des möglichen Sauer-

stoffmangels. Tatsächlich war nach dem Öffnen der Luke noch für zwölf Minuten Sauerstoff in dem Behälter – ein mehr als geringer Spielraum, und umso verblüffender, als die Männer den Zweiundsiebzig-Stunden-Vorrat insgesamt vierundachtzig Stunden und dreißig Minuten in Anspruch genommen hatten.

Nachdem sie so lange auf engstem Raum eingepfercht gewesen waren, konnte keiner der beiden aus eigener Kraft aus der Kabine klettern. Jahrzehnte später sagte Roger Chapman, er benutze immer noch ungern einen Aufzug, weil das Auf und Ab ihm zusetze. Trotz alledem arbeiteten beide weiterhin als Tauchfahrer und lobten einander dafür, unter wahrhaft verzweifelten Umständen einen kühlen Kopf bewahrt zu haben.

ARON RALSTON
Der Schluchtenkletterer, der sich den Arm abschnitt
(USA, 2003)

In Nordamerika gehören zu der Extremsportart namens Canyoning nicht nur Wanderungen durch wilde Felslandschaften, sondern auch Springen, Klettern, Kriechen, Abseilen und sogar Schwimmen. Mit anderen Worten: was immer nötig ist, um das anspruchsvollste Gelände, das die Gegend zu bieten hat, zu durchqueren.

Nach dem Studium arbeitete Aron Ralston als Maschinenbauingenieur, war zugleich aber auch ein absoluter Outdoor-

Freak und hängte seinen Beruf schon bald an den Nagel, um mehr Zeit in den Bergen verbringen zu können. Dabei hegte er insbesondere einen Traum: sämtliche der sogenannten »Viertausender« zu besteigen, eine Reihe von insgesamt fast sechzig Berggipfeln im Bundesstaat Colorado, die alle mehr als vierzehntausend Fuß messen. Dies wollte Ralston allein und im tiefsten Winter schaffen.

An einem Sonntag im April 2003 gab er sich einer ganz anderen Herausforderung hin, die eigentlich ein Kinderspiel hätte sein sollen. Er durchquerte zu Fuß einen entlegenen Teil des wunderschönen Canyonlands National Park in Utah. Zwar war er nicht zum ersten Mal unbegleitet unterwegs, beging an jenem Morgen allerdings den verhängnisvollen Fehler, niemandem Bescheid zu geben, wo er hinwollte.

Seinen Berechnungen nach würde er höchstens acht Stunden unterwegs sein, doch sein Missgeschick begann mit dem Versuch, in einen äußerst engen sogenannten Slot Canyon (wörtlich: »Schlitzcanyon«, oder auch »Klamm«) hinunterzuklettern. Wie der Name vermuten lässt, handelt es sich dabei um eine extrem schmale, tiefe Felsspalte. Für gewöhnlich entstehen solche Formationen durch Erosion – wenn das Wasser eines Bachs oder Flusses sich seinen Weg durch das Muttergestein bahnt.

Dieser Prozess erstreckt sich über viele Jahrtausende, und die Ergebnisse sind häufig atemberaubend. Utah rühmt sich so vieler Slot Canyons wie kein anderer Ort auf der Welt. Die eindrucksvollsten von ihnen sind wilde Felsschluchten, häufig bis zu dreißig Meter tief, aber höchstens einen guten Meter breit. Verständlicherweise erfreuen sie sich bei Wanderern und Bergsteigern größter Beliebtheit, sind sie doch nicht nur malerisch, sondern auch eine spannende Herausforderung für ernsthafte Kletterer.

Eine solche Klamm namens Bluejohn Canyon nahm Ralston an jenem Tag in Angriff und ließ sich langsam am Seil hinunter. Dabei löste sich ein gewaltiger Sandsteinbrocken, der zwischen den Wänden des Canyons eingekeilt gewesen war, nun aber den Gesetzen der Schwerkraft folgte. Nach einer kurzen Strecke kam er zum Halt, klemmte dabei Ralstons Hand ein und quetschte seinen Unterarm gegen die unnachgiebige Felswand, sodass Ralston sich nicht mehr rühren konnte.

Der Schmerz war heftig, und Ralston schrie unwillkürlich auf, doch an solch einem entlegenen Ort um Hilfe zu rufen, war sinnlos. Dennoch brüllte und fluchte er seine Qual und seine Wut weiter hinaus, wusste aber sicherlich selbst in diesem traumatisierten Zustand, dass die Chancen, außerhalb und oberhalb des tiefen, engen Canyons gehört zu werden, gleich null waren. Rasch wurde ihm klar, dass er in einem nahezu senkrechten Felsabsturz feststeckte und womöglich nicht mit dem Leben davonkommen würde. Der Bluejohn Canyon lag meilenweit von menschlichen Ansiedlungen entfernt, zudem wusste niemand, dass ein einsamer Wanderer abgängig war.

Zumindest hatte er etwas Wasser und ein paar Burritos dabei. Diese Vorräte musste er streng einteilen, denn selbst wenn er das Glück hatte, entdeckt zu werden, konnte es bis dahin eine ganze Zeitlang dauern. Nach vier Tagen war immer noch keine Rettung in Sicht, Ralston steckte weiterhin fest, und das Wasser war aufgebraucht. Auch am folgenden Tag kam ihm niemand zu Hilfe, und am Donnerstag war der letzte Burrito verzehrt.

Trotz seiner üblen Handverletzung machte er heftige Anstrengungen, den Felsbrocken wegzuschieben, doch dieser rührte sich um keinen Millimeter. Er wog knapp vierhundert

Kilo, so viel wie mehrere ausgewachsene Männer, und ließ sich nicht verrücken, wie sehr Ralston es auch mit Füßen und Knien oder einer Art von improvisiertem Flaschenzug versuchte. Später hackte er mit seinem Multifunktionstaschenmesser darauf ein, was auch nach vielen Stunden kaum eine Spur auf der diamantharten Oberfläche hinterließ.

Der Felsbrocken saß fest, genauso wie Ralston. Ihm wurde klar, dass er eine sehr viel drastischere Lösung in Betracht ziehen musste. Die Überlegung folgte einer simplen Logik: Wenn er den Stein nicht entfernen konnte, um seinen Arm zu befreien, dann musste er seinen Arm entfernen, um den Rest seines Körpers freizubekommen. Es wäre nicht das erste Mal gewesen: Zehn Jahre zuvor hatte sich ein Fischer in Colorado das Bein abgeschnitten, nachdem er bei einem Steinschlag halb verschüttet worden war, und der Fahrer eines Bulldozers hatte das Gleiche mit einem kleinen Taschenmesser bewerkstelligt, als er eingeklemmt unter einem umgestürzten Baum lag.

Kaum zu glauben, aber beide Männer hatten überlebt, trotz Schock und beträchtlichem Blutverlust. Doch selbst ein ausgebildeter Chirurg mit bester Ausrüstung würde es sich zweimal überlegen, auf solche Weise Hand an sich zu legen – und Ralston war kein Arzt, sondern ein ehemaliger Ingenieur. Er hatte lediglich das Multifunktionstaschenmesser, das durch seine Attacken auf den Felsbrocken stumpf geworden war, und er wusste, dass ihm nach fünf Tagen in dieser Zwangslage nichts anderes übrigblieb, als es zu versuchen.

Da die eine Klinge zu nichts mehr zu gebrauchen war, musste Ralston es mit der kleineren versuchen. Sie war gerade mal fünf Zentimeter lang und alles andere als ideal für diesen Zweck. Außerdem war Ralston Rechtshänder, und mit der linken Hand arbeiten zu müssen, erschwerte das Ganze noch weiter. Dennoch begann er mit dem Mut, der einem nur in den schlimmsten Situationen zuwächst, sich ins eigene Fleisch zu schneiden. Zugleich musste er die Blutung stillen, indem er eine Binde, die wie eine Aderpresse funktionierte, fest um den Oberarm zuzog – all das mit nur einer Hand und trotz der furchtbaren Schmerzen.

Alles in allem dauerte das Ganze etwa eine Stunde und war eine einzige Quälerei, bis das Unmögliche schließlich vollbracht war: Ralston war frei – frei von seinem Arm und frei von dem mächtigen, unbeweglichen Felsbrocken. Später sagte er, es sei der glücklichste Moment seines Lebens gewesen. Er wusste, dass er dringend medizinische Hilfe brauchte und ihn immer noch eine lange Strecke von seinem Zuhause trennte, doch vom Kopf her war er in guter Verfassung.

Die volle Erkenntnis dessen, was er soeben getan hatte, bescherte ihm offenbar so etwas wie unbändigen Stolz auf sich selbst – und das Wissen, dass er nicht mutterseelenallein im Bluejohn Canyon würde sterben müssen. Irgendwie gelang es ihm, sich mit seinem heilen Arm gute zwanzig Meter bis zum Boden der engen Felsspalte hinabzulassen, und nach einem ordentlichen und mehr als überfälligen Schluck Wasser aus einem übelriechenden, verdreckten Teich machte er sich an den nächsten Teil seines Wegs Richtung Zuhause.

Und nun wendete sich das Schicksal für ihn. Zum einen versuchten Mitglieder einer Such- und Rettungsmannschaft, die Ralstons Lieferwagen einige Kilometer entfernt gefunden hatten, ihn aufzuspüren, fürchteten aber nach so langer Zeit nur noch eine Leiche vorzufinden. Ralston sah, dass er gefährlich viel Blut verlor, doch bevor sein gemarterter, ausgetrockneter Körper endgültig versagte, begegnete ihm zu seinem Glück eine junge Familie.

Sie waren über viele Tausende von Kilometern aus den Niederlanden hergekommen, um den Canyon zu durchwandern, und das Wenige, was sie an Essen und Trinkwasser bei sich hatten, überließen sie nur zu gern dem völlig aufgelösten Amerikaner. Mutter und Sohn liefen in der Gluthitze los, um Hilfe zu holen, der Vater blieb bei dem Verletzten. Zwei Stunden später und kurz vor dem völligen Zusammenbruch hörte Ralston endlich, wie sich ein Hubschrauber näherte.

Nach vielen Monaten im Krankenhaus und einer Reihe sorgfältiger Operationen erholte er sich erstaunlich gut. Während Park Ranger sich abmühten, den gefährlichen Felsbrocken zu entfernen – letztendlich waren dazu dreizehn Männer, eine Winde und eine starke hydraulische Hebevorrichtung nötig –, blieb Aron Ralston bei seinem Entschluss, die »Viertausender« zu bezwingen. Und das gelang ihm auch, im bitterkalten Winter; außer ihm haben bisher nur zwei weitere Bergsteiger dies im Alleingang geschafft.

POON LIM
Der Mann, der einem Hai das Blut aussaugte
(Atlantik, 1942)

Während des Zweiten Weltkriegs arbeitete der vierundzwanzig Jahre alte Poon Lim als Schiffssteward an Bord der SS *Benlomond*. Das Handelsschiff war von Südafrika unterwegs nach Südamerika, als es rund vierhundert Kilometer vor der Küste Brasiliens von der *U-172*, einem deutschen U-Boot, angegriffen wurde.

Der U-Boot-Kommandant muss in dem alten Kahn ein leichtes Ziel gesehen haben. Im Lauf von fünf oder sechs Patrouillefahrten hatte seine Mannschaft mehr als zwei Dutzend alliierter Schiffe zerstört. Die *Benlomond* war unbegleitet, nur leicht bewaffnet und sehr langsam – nach kaum zwei Minuten und dem Einsatz von ein paar Torpedos konnten die Deutschen sie in ihre tödliche Strichliste aufnehmen.

Sie sank so rasch, dass dreiundfünfzig Matrosen und Maschinengewehrschützen binnen kürzester Zeit den Tod fanden. Der gebürtige Chinese Poon Lim kam als Einziger mit dem Leben davon – bevor er über Bord sprang, hatte er sich noch eine Rettungsweste geschnappt. Da er kein guter Schwimmer war, trieb er mehrere Stunden hilflos im Wasser, bis er zwischen den Wrackteilen an der Wasseroberfläche auf ein etwa zweieinhalb Quadratmeter messendes Rettungsfloß stieß. Verängstigt und erschöpft hangelte er sich hinauf.

Mittlerweile weiß man, dass der Angriff gut tausend Kilometer vor der Mündung des mächtigen Amazonas-Flusses erfolgte. Lim ahnte dies damals nicht, da er in der Küche arbeitete und anders als die Matrosen über keinerlei Navigationskenntnisse verfügte. Er wusste lediglich, dass sich das kleine Floß nicht so segeln und steuern ließ wie ein richtiges Schiff, und konnte nur hoffen, bald ein anderes Schiff zu sichten oder so nah zur Küste hin zu treiben, dass seine Hilferufe gehört würden.

Er war körperlich fit und praktisch veranlagt, daher konnte er den Nutzen der Notvorräte, die mitsamt einigen Seilen in dem Floß eingelagert waren, gut einschätzen. Sie bestanden aus etlichen Dosen mit trockenen Keksen, etwas Schokolade, vierundzwanzig Litern Trinkwasser und einem Sack Zuckerwürfel. Außerdem fand er Leuchtgeschosse, Nebelkerzen und eine Taschenlampe – alle als Signal einsetzbar, wenn er ein Schiff entdeckte, das nahe genug herankam, um ihn zu retten.

Lim rechnete sich aus, dass er etwa einen Monat würde überleben können, wenn er das Wasser entsprechend einteilte und sich nur morgens und abends je zwei Kekse zugestand – natürlich immer unter der Voraussetzung, dass er nicht in Schlechtwetter geriet und das Floß womöglich kenterte. Eine weitere Voraussetzung war, dass es ihn Richtung Küste trieb, wo ihn jemand erspähen mochte.

Während der ersten paar Tage sah er zwei andere Seefahrzeuge am Horizont. Das eine war ein weiteres feindliches U-Boot, das andere ein Handelsschiff wie die *Benlomond*. Auf Deck des Frachters sichtete er Männer und sandte hektisch Signale aus, doch offenbar wurden sie nicht bemerkt, denn das Schiff dampfte an ihm vorbei. Ein anderes Mal glaubte Lim, der Pilot eines tief fliegenden Patrouillenflugzeugs der US-Marine habe ihn entdeckt, aber es wurde kein Boot zu seiner Rettung ausgesandt.

Die Enttäuschung ließ ihn rasch erkennen, dass er nun ganz auf sich gestellt war. Sein Überleben hing vollständig von seinen Fähigkeiten und seiner Findigkeit ab. Als seine Vorräte allmählich dahinschwanden, stellte Lim einen Plan zusammen, wie er trotz allem mit dem Leben davonkommen könnte.

Schutzlos der Sonne ausgesetzt, wies seine Haut üble Verbrennungen auf, wogegen er jedoch nichts zu tun vermochte. Der Gewichtsverlust war ein weiteres Problem, doch Lim war entschlossen, bei Kräften zu bleiben, und paddelte deshalb um das Floß herum durchs Meer. Bevor er hineinsprang, band er sich mit einem Seil am Floß fest, damit es nicht davontrieb. Bald schwamm er fast täglich seine Runden, wenn sich nicht gerade Haie in der Nähe blicken ließen.

Der Kampf gegen mögliche Austrocknung stand für ihn stets an oberster Stelle: Menschen können viele Tage ohne feste Nahrung auskommen, jedoch nur kurze Zeit ohne Wasser. Mithilfe des Segeltuchfutters seiner Rettungsweste fabrizierte Lim eine simple Vorrichtung zum Auffangen von Regenwasser. Er wusste außerdem, dass die Vorräte zur Neige gingen und er sich bald etwas zu essen verschaffen musste.

Zu diesem Zweck verbog er in mühsamer Arbeit ein Stück Draht aus der Taschenlampe zu einem primitiven Angelhaken, wickelte eine Länge Seil von den damit verzurrten Notvorräten ab und benutzte sie als Angelschnur.

Einer der letzten Kekse diente ihm als Köder, und nachdem der erste Fisch angebissen hatte, nahm ihn Lim mit einer ebenfalls primitiven, aber gut funktionierenden Klinge aus, die ursprünglich ein Teil der Keksdose gewesen war. Seine Beute aß er roh, und was übrigblieb, verwendete er als neuen Köder.

Schon bald hatte er regelmäßig Fische an der Angel, doch die meisten waren recht klein und stillten seinen Hunger nicht im Entferntesten. Das Floß wurde oft von Möwen umsegelt, und Lim überlegte, ob es wohl möglich wäre, ein verrottendes Fischstück als Köder auszulegen und so einen der Vögel zu fangen. Es schien ihm einen Versuch wert zu sein; er platzierte ein paar streng riechende Streifen Fischfleisch auf den Rand des Floßes und verhielt sich mucksmäuschenstill. Nach geraumer Zeit zog der Gestank eine neugierige Möwe an, und als sie auf dem Floß landete, packte Lim sie blitzschnell beim Hals.

In dem nun folgenden Gerangel erwies sich die Möwe als erstaunlich kampfstark. Sie hackte wild mit dem Schnabel um sich und fügte Lim an Armen und Händen etliche Schnittwunden zu, letztendlich aber gelang es ihm, den Vogel zu bezwingen und ihn mit seinem Keksdosenmesser zu töten. Auch diese schwer errungene Beute musste er roh verzehren, doch der Erfolg seiner Methode ermutigte ihn, es mit noch größeren Lebewesen aufzunehmen. In den folgenden Tagen heckte er einen kühnen Plan aus, wie sich ein Hai fangen ließe. Von Zeit zu Zeit umrundeten Vertreter dieser Gattung das Floß – wenn es Lim gelänge, einen von ihnen zu erlegen, wäre er die Sorge um Nahrung für einige Tage los.

Eine halbe Möwe würde der perfekte Köder sein, überlegte er, doch dann wurde ihm klar, dass er einen weit größeren und stärkeren Haken brauchte als das kleine Drahtstück, mit dem er Fische geangelt hatte. Zum Glück gelang es ihm, mit viel Hin- und Herruckeln einen großen Nagel aus einer Floßplanke zu zerren. Mit einem seiner Schuhe und dem leeren Wasserbehälter, den er mit Meerwasser füllte, um ihn schwerer zu machen, hämmerte er den Nagel in Form. Das kostete ihn einige Tage Mühe und Arbeit, doch endlich war der neue Haken fertig, und Lim legte sich auf die Lauer, in Erwartung eines passenden Opfers.

Zu seiner Erleichterung maß der erste Hai, der den Köder entdeckte, weniger als zwei Meter. Er pirschte sich vorsichtig an das Floß heran, machte plötzlich einen Satz zu dem toten Vogel hin und schluckte dabei den Haken, sodass die Angelschnur sich straffzog. Lim war auf dem Posten, packte den armen Hai bei der Schwanzflosse und hievte ihn auf das Floß.

Wegen ihrer Kiemenatmung können Haie außerhalb des Wassers nicht lange überleben, doch dieses Exemplar witterte Gefahr und war nicht gewillt, kampflos aufzugeben. Lim wusste, dass ihm ein erbittertes Ringen bevorstand, damit das Tier an Bord blieb. Zum Schutz umwickelte er seine Hände mit Segeltuch aus seiner Rettungsweste, drückte den Hai nieder und drosch mit dem Wasserbehälter auf ihn ein.

Trotz der Prügel zappelte der Hai mit wachsender Verzweiflung herum, ließ wie wild seine zahnbewehrten Kiefer zuschnappen und krümmte sich wieder und wieder, um vom Floß herunter zurück ins Meer zu gelangen. Es war für beide ein ermüdender Zweikampf, doch nach und nach verließen den Hai die Kräfte. Da er im Freien nicht atmen konnte, wurde sein Gezappel schwächer, und schließlich lag er still da. Die große Schlacht war vorbei, und Lim hatte seinen Preis errungen.

Wiederum mithilfe der Dosenklinge schlitzte er den Hai auf und trennte seine Flossen ab. Da es seit mehreren Tagen nicht mehr geregnet hatte, waren seine Trinkvorräte gefährlich zusammengeschrumpft; das Blut des Hais, das er nun trank, versorgte ihn mit lebenswichtigen Nährstoffen. Nachdem die Flossen einige Zeit in der Sonne getrocknet waren, stellte Lim erfreut fest, dass ihr Geschmack ihn an die Haifischflossensuppe erinnerte, an der er sich auf seiner Heimatinsel Hainan vor der Südküste Chinas oft gütlich getan hatte.

Seit dem Schiffsunglück hatte er die Tage gezählt, die er nun schon auf See umhertrieb. Doch als Woche um Woche verging, schlug ihm dies zu sehr aufs Gemüt, und er zählte stattdessen nur noch alle achtundzwanzig Tage den Vollmond. Doch auch diese Zahl wuchs, und der einsame Lim hielt es allmählich für denkbar, dass er niemals Festland finden und gerettet werden würde.

Seine Mondbeobachtungen sagten ihm, dass gute vier Monate verstrichen waren. Und dann, endlich, bemerkte er, dass die Färbung des Meers sich langsam veränderte. Das Tiefblau der hohen See ging in das blasse Grün von Küstengewässern über. Hoch über sich sah Lim Vögel – Landbewohner, keine Möwen, wie er sie auf seiner Fahrt gegessen hatte. Um das Floß trieben Algen, auch dies ein Zeichen, dass er sich in seichterem Wasser befand.

Am einhundertdreißigsten Tag seiner Irrfahrt entdeckte er

weit entfernt am Horizont ein weißes Segel – das erste Boot, das er seit vielen Monaten zu Gesicht bekam. Er hüpfte auf und ab und wedelte wie verrückt mit seinem Hemd, um irgendjemanden an Deck auf sich aufmerksam zu machen.

Zunächst tat sich nichts, doch dann sah er außer sich vor Freude, dass das Segel langsam umschwenkte. Schon bald hielt das kleine Boot auf sein Floß zu; er blinzelte gegen die Sonne an und sah drei Menschen an Bord. Es waren brasilianische Fischer, die nur Portugiesisch sprachen. Doch auch ohne eine verbindende Sprache war ihnen klar, dass dieser abgemagerte Kerl nicht gut beieinander war und ihre Hilfe brauchte. Sie holten ihn an Bord und versorgten ihn mit frischem Wasser und getrockneten Bohnen. Rasch nahm das kleine Boot Kurs Richtung Küste, fort von dem Floß, das fast viereinhalb Monate lang für Lim sein Heim – seine ganze Welt – gewesen war.

Tatsächlich hat bis heute niemand länger allein überlebt als Lim auf seinem Floß. Er hatte üble Brandblasen und glich nach knapp zehn Kilo Gewichtsverlust eher einem Skelett als einem Schiffssteward. Doch nun war Poon Lim in Sicherheit und begab sich nach einem vierwöchigen Aufenthalt in einem brasilianischen Hospital endlich auf die Heimreise.

ERNEST SHACKLETON
Der Kapitän, der seine Mannschaft rettete
(Antarktis, 1914)

Im Rahmen der Imperial Trans-Antarctic Expedition lief im August 1914 ein von dem Seefahrer und Polarforscher Sir Ernest Shackleton geführtes Schiff aus Großbritannien aus. Er plante, den antarktischen Kontinent zu Fuß zu überqueren – eine Strecke von mehr als 2700 Kilometern durch vereiste Wildnis, eine wahre Meisterleistung, die bis dahin noch niemandem gelungen war.

Shackleton war bis dahin bereits zweimal in der Antarktis gewesen und bei der zweiten Expedition weiter nach Süden vorgedrungen als je ein Mensch zuvor. Seitdem hatte der Norweger Roald Amundsen als Erster den Südpol erreicht und damit Shackleton umso mehr angestachelt, Ruhm und Ehre für Großbritannien zurückzuerobern. Die Öffentlichkeit teilte seinen Enthusiasmus, und mehr als fünftausend Kandidaten bewarben sich um Aufnahme in seine Mannschaft.

Die *Endurance*, so hieß Shackletons Schiff, lief kurz nach der Kriegserklärung Englands an Deutschland aus London aus. An Bord befanden sich achtundzwanzig Wissenschaftler und Seeleute sowie das Schiffsmaskottchen, eine getigerte Katze namens Mrs Chippy. Hinzu kamen mehr als sechzig ausgebildete Schlittenhunde, die Proviant und Ausrüstung transportieren sollten, wenn sechs vom Leiter handverlesene Männer zu gegebener Zeit auf Holzskiern die Expedition über das Eis antreten würden.

Die Fahrt Richtung Süden dauerte mehrere Monate; erst im Dezember erreichte die *Endurance* die kalten Gewässer rund um die Antarktis. Im sogenannten Weddell-Meer musste die Mannschaft einen sicheren Weg durch große Eisschollen finden, die gegen das Schiff krachten. Sie stellen in diesem Teil der Welt eine ständige Gefahr dar, selbst während der Zeit, die in der südlichen Hemisphäre als Sommer bezeichnet wird.

Sie kamen nur noch quälend langsam voran; schon bald schloss das Eis sich um den hölzernen Schiffsrumpf, und sie steckten fest – zum ersten, aber beileibe nicht zum letzten Mal. In den folgenden Wochen waren sie immer wieder tagelang der Gnade tosender Winde unterworfen, oder sie fuhren sich erneut im Eis fest und konnten weder vor noch zurück. Endlich kam ganz in der Ferne Land in Sicht, doch es blieb unerreichbar, da das Eis rings um das Schiff immer dicker wurde.

Binnen kurzem saß die *Endurance* komplett fest, und den Männern wurde mit Schrecken klar, dass es Monate dauern mochte, bis das Eis schmolz und sie ihre Reise fortsetzen konnten. Hin und wieder bot ein vorbeiziehender Eisberg kurzzeitig Schutz vor dem Wind, doch als das Wetter sich verschlechterte, machte Shackleton sich ernsthafte Sorgen um ihrer aller Sicherheit. Nach einem fehlgeschlagenen Versuch, das Schiff mit Schaufeln, Sägen und Spitzhacken loszueisen, war für ihn die Zeit gekommen, entscheidende Maßnahmen zu ergreifen.

Das Schiff aufzugeben, verbot sich von selbst: Es war ihre einzige Zuflucht vor dem heranrückenden, dunklen Winter. Die Hunde jedoch wurden von Bord in behelfsmäßige Unterstände aus Eis gebracht, sogenannte »dogloos« (Hunde-Iglus). Damit hatten die Männer auf dem Schiff etwas mehr Platz, aber nach wie vor kaum Bequemlichkeit. Eine Funkantenne wurde installiert, doch es zeigte sich schnell, dass der Standort des Schiffes viel zu abgelegen war, um Nachrichten zu senden oder zu empfangen.

Das hieß, die Männer waren nunmehr vollständig von der Außenwelt abgeschnitten. Angesichts der langen Wartezeit, die ihnen bevorstand, bis das Eis schmolz, gab sich Shackleton große Mühe, alle geistig und körperlich in Form zu halten. Er führte ein Sportprogramm für die Männer und feste Trainingszeiten für die Hunde ein und organisierte darüber hinaus gelegentlich Wettbewerbe, damit alle bei Laune blieben. Die Männer veranstalteten zu ihrer Unterhaltung kleine Theateraufführungen, und alle waren gehalten, draußen Spaziergänge auf dem Eis zu unternehmen, wenn die Wetterbedingungen es erlaubten.

Erst im August begann das Eis endlich zu schmelzen und gab das Schiff frei – ein volles Jahr nach ihrem Aufbruch aus

London. Doch sogleich drohte neues Unheil, denn eine Eiswulst unter dem Schiff brachte dieses in eine gefährliche Schieflage. Zu allem Unglück ließen starke Winde und Meeresströmungen – bei Temperaturen bis minus 25 °C – massive Eisblöcke gegen das Schiff krachen.

Schließlich war die *Endurance* am Ende. Zermürbt vom Ansturm des Eises begannen ihre gewaltigen Spanten sich zu verbiegen und zu zerbrechen. Ein Mitglied der Mannschaft verglich das Geräusch mit Feuerwerk oder schweren Schusswaffen. Als Wasser in den Rumpf eindrang, wurde die sofortige Räumung des Schiffs befohlen.

Hastig brachten die Männer so viele Vorräte wie möglich sowie drei kleine Rettungsboote von Bord. Sie schlugen auf dem Eis ein behelfsmäßiges Lager auf, und solange das Schiff sich noch über Wasser hielt, mühte die Besatzung sich nach Kräften, alles aufs Eis zu schaffen, was von Nutzen sein mochte.

Das Schiff war verlorengegeben, und Shackleton wusste, dass für die Expedition das Gleiche galt. Sein patriotischer Traum vom Ruhm verwandelte sich in einen verzweifelten Überlebenskampf. Das Team versuchte sich über das Eis in Sicherheit zu bringen, doch nach drei Tagen hatten sie kaum drei Kilometer zurückgelegt und kehrten um. Als die *Endurance* endgültig sank, beschlossen die Männer, mitsamt ihrer Ausrüstung auf einer großen Eisscholle auszuharren – in der Hoffnung, darauf langsam in Richtung Festland zu treiben.

Um das bisschen Proviant möglichst lange zu erhalten, wurden zum Entsetzen einiger Teammitglieder die schwächeren Hunde erschossen, wie auch die arme Mrs. Chippy. Aus kleineren Holzteilen, die sie aus dem Schiff herausgebrochen hatten, bastelten die Männer sich Ersatzstiefel. Es erging der Befehl, jede Robbe in Sichtweite zu erschießen, um damit ihren dürftigen Speiseplan zu ergänzen und mit dem Tran die Öfen zu beheizen.

Während sie bei Temperaturen unter null auf ihrer Eisscholle dahintrieben, sichteten die Männer gelegentlich Land, kamen aber wie zuvor nie nahe genug heran. Zu allem Unglück begann das Eis langsam zu schmelzen, und als ihr gefrorenes Floß zu zerbersten drohte, scheuchte Shackleton seine Untergebenen in die drei kleinen Rettungsboote. Nun peilte er eine der winzigen, unwirtlichen Inseln an, die ein paar hundert Kilometer entfernt lagen. Keine von ihnen war bewohnt, viele wurden jahrelang nicht angesteuert, aber dort wieder festen Boden unter den Füßen zu haben, schien immer noch besser, als sich schlicht weiter treiben zu lassen.

Nach einigem Hin und Her entschieden sie sich für Elephant Island, eine öde, von Eis bedeckte Felseninsel, auf der Shackleton immerhin Zeit haben würde, die nächsten Schritte zu überdenken. Um diese Insel zu erreichen, würden sie mindestens noch eine Woche brauchen. Bis auf die Haut von Salzwasser durchnässt, manövrierten sie sich um Eisberge herum, und bald waren ihre mageren Essensvorräte dahin. Trotzdem schafften sie es, und nach fast eineinhalb Jahren setzten die achtundzwanzig Männer zum ersten Mal wieder den Fuß auf Festland.

Damit waren sie allerdings noch längst nicht in Sicherheit. Wie schon erwähnt, war Elephant Island unbewohnt und viele hundert Kilometer von jeglicher Zivilisation entfernt. Nur selten suchte ein Walfangschiff hier Schutz vor den berüchtigt heftigen Stürmen des antarktischen Ozeans. Auch gab es auf der Insel weder Pflanzen noch Tiere, was hieß, dass die Mannschaft zum Überleben wiederum auf Fleisch von Robben oder hin und wieder auch einem Pinguin angewiesen war.

Zum Glück hatte Shackleton einen Einfall. Mehr als 1300 Kilometer über das tückische, schiefergraue Meer von ihnen entfernt lag die Insel South Georgia. Sie war größer als Elephant Island und ebenso öde. Allerdings gab es dort eine Walfangstation; wenn es ihm gelänge, sie zu erreichen, so dachte Shackleton, ließe sich vielleicht ein Schiff finden, mit dem er zurückkehren und seine Männer retten könnte.

Es war eine furchterregende, ja tollkühne Fahrt für ein kleines Rettungsboot, aber Shackleton sah keine andere Möglichkeit. Er wählte fünf Mannschaftsmitglieder als Begleiter aus und machte sich an die Planung. Das robusteste der drei Boote wurde mit einer Mischung aus Farbe und Robbenblut getüncht, die es wasserdichter machen sollte. Aus Holz von den anderen beiden Booten zimmerten die Männer einen neuen Mast und befüllten ihr Gefährt mit Rationen für insgesamt vier Wochen – denn, so rechneten sie, wenn sie die Walfangstation nicht binnen eines Monats erreichten, waren sie alle so oder so dem Untergang geweiht.

Als das Boot ablegte, begann die Wasseroberfläche wieder zu vereisen, und am Horizont zog ein weiterer Sturm auf. Nach einem Tag hatten sie das übelste Packeis hinter sich gelassen, doch die wilden Wogen und der grimmige Wind warfen das kleine Boot wie eine Nussschale umher. Um sich über Wasser zu halten, arbeiteten die Männer zu dritt in zwei Schichten: Einer steuerte, einer segelte, und der Dritte schöpfte das Wasser aus, das sich von allen Seiten in das Boot ergoss. Die Bemühungen, ihre Position zu bestimmen, hingen von den flüchtigen Momenten ab, in denen die Sonne sich blicken ließ, und waren oft kaum mehr als ein Ratespiel. Doch am fünfzehnten Tag sichteten die Männer die ersten Möwen, dann im Wasser treibenden Tang und endlich – Land.

Selbst dann dauerte es noch mehr als vierundzwanzig

Stunden, bis sie einen Ankerplatz gefunden hatten. An Land wurde Shackleton rasch klar, dass die Walfangstation auf der anderen Seite der Insel lag. Unseligerweise war das Rettungsboot nach der langen, stürmischen Überfahrt so mitgenommen, dass sie nicht wagen konnten, damit die tückische Felsküste zu umsegeln. Und drei der Männer waren zu erschöpft zum Laufen. Damit blieb den anderen dreien nichts übrig als der Versuch, die Insel zu Fuß zu überqueren.

Vor ihnen lag eine Strecke von mindestens fünfundvierzig Kilometern. Ohne Landkarten und ohne jede Ausrüstung würden sie auf dieser Strecke eine Bergkette und etliche Gletscher überwinden müssen – selbst für bestens ausgeruhte und fitte Abenteurer eine enorme Herausforderung.

Shackleton und seine beiden Begleiter waren weder ausgeruht noch fit, doch ihnen blieb keine andere Wahl. So kletterten, kraxelten und wankten sie – ohne Pause, um wachzubleiben – sechsunddreißig Stunden bis zu der Walfangstation. Ihre Gesichter waren geschwärzt von Frostbeulen und dem Ruß der Tranfeuer, über denen sie monatelang gehockt hatten. Der berühmte Shackleton wurde dennoch sogleich von den Walfängern erkannt, und binnen Stunden schickte man ein Boot zur Rettung der drei Männer aus, die auf der anderen Seite der Insel ausharrten.

Da der Erste Weltkrieg mittlerweile in vollem Gange war, dauerte es noch eine Weile, bis sich ein größeres Schiff fand, das die restlichen zweiundzwanzig Mann aus ihrer misslichen Lage auf Elephant Island befreien sollte. Trotz dieser Verzögerung wurden auch sie sicher an Bord gebracht. Zwar war es Shackleton nicht gelungen, die Antarktis zu Fuß zu durchqueren, doch dafür war ihm etwas anderes gelungen: unter den schlimmsten nur denkbaren Umständen seine gesamte Expeditionsmannschaft lebend nach Hause zu bringen.

HUGH GLASS
Der Pelztierjäger, der mit einem Grizzly rang
(Amerika, 1823)

Hugh Glass, ein Pelztierjäger und Abenteurer, war im 19. Jahrhundert in Amerika eine legendäre Gestalt. Angeblich trieb er mehrere Jahre sein Unwesen als Pirat, bevor er ein neues Leben voller Härten in der Wildnis begann.

Im Alter von etwa vierzig Jahren schloss Glass sich einem Expeditionstrupp aus etwa einem Dutzend erfahrener Grenzer an. Sie wollten den Missouri flussaufwärts ziehen und Jagd auf Tiere mit wertvollen Fellen machen. Im 19. Jahrhundert war dies noch ein bedeutendes Gewerbe, und in den Weiten von Montana und North und South Dakota konnte man davon gut leben. Andererseits war die Jagd anstrengend und gefährlich, und die Bedingungen in der Wildnis waren grausam.

Glass, ein großer, kräftig gebauter Mann, hatte solche Arbeit schon früher verrichtet und kannte die Risiken. Doch auch dem erfahrensten Pelztierjäger kann ein Missgeschick widerfahren. Als er einmal allein auf Nahrungssuche unterwegs war, stieß er zufällig auf eine amerikanische Braunbärin und ihre Jungen.

Diese unter dem Namen Grizzly bekannte Raubtiergattung, deren Vertreter einen markanten Höcker zwischen den Schultern haben, ist von mehr als beeindruckendem Format. Ein ausgewachsenes Männchen kann so viel wiegen wie ein kleines Familienauto und ist, auf den Hinterbeinen aufgerichtet, bis zu drei Meter hoch. Die Weibchen sind etwas kleiner, aber ebenso angriffslustig – insbesondere, wenn sie ihre Jungen in Gefahr glauben, dann übertreffen sie die Männchen noch an Raserei.

Die Grizzlybärin, von der hier die Rede ist, reagierte schnell wie der Blitz. Bevor Glass mit dem Gewehr auf sie anlegen konnte, stürzte sie sich auf ihn, schleuderte ihn in die Luft und ließ ihn mit voller Wucht auf den Felsboden krachen.

Leicht benommen, doch sonst durchaus bei Bewusstsein, kam er rasch wieder auf die Beine. Da er sein Gewehr nirgends entdecken konnte, zückte er sein Jagdmesser und stach mehrmals zu, als die Bärin sich erneut auf ihn stürzte. Er schlug Haken und duckte sich weg, um ihren langen Krallen zu entgehen. Irgendwie gelang es ihm schließlich, das riesige Tier zu Boden zu zwingen, doch er selbst hatte zu diesem Zeitpunkt bereits mehrere klaffende Wunden auf dem Rücken und an den Armen. Die schlimmsten reichten bis zum Knochen und bluteten heftig.

Halb zerschmettert lag er neben der sterbenden Bärin. Seine Freunde hörten ihn schreien und waren in Windeseile bei ihm, doch da hatte er bereits das Bewusstsein verloren. Als seine Kameraden sahen, wie viel Blut durch seine zerfetzte Kleidung in den Boden gesickert war, gaben sie ihm nicht die mindeste Überlebenschance.

Die Männer des Expeditionsteams befanden sich zu diesem Zeitpunkt viele hundert Kilometer von jeglichem Ort entfernt, an dem Glass medizinisch hätte versorgt werden können. Wegen seiner schweren Verwundungen konnte er auch nicht transportiert werden, doch der Leiter der Expedition, Major Andrew Henry, dachte nicht im Traum daran, ihn allein sterben zu lassen.

Als er fragte, wer gegen eine Sonderprämie freiwillig bei Glass bleiben wolle, hoben zwei Pelztierjäger, der blutjunge Jim Bridger und ein älterer Mann namens John Fitzgerald, die Hand. Sie sollten Glass nach seinem Tod ordnungsgemäß begraben und sich dann wieder der vorausgegangenen Hauptgruppe anschließen. Nach dem raschen Aufbruch ihrer Gefährten zogen Bridger und Fitzgerald dem Bären das Fell ab und legten es Glass als Pelzdecke über.

Wahrscheinlich hoben sie zu dieser Zeit auch schon ein Grab aus, um weiterziehen zu können, sobald Glass tot war. Doch am folgenden Morgen lebte er immer noch. Sein Atem ging nun sehr flach, und mit all den Blutkrusten sah er schlimmer aus denn je. Doch die beiden Männer blieben auf dem Posten, obwohl ihnen klar war, dass der Expeditionstrupp sich mit jedem Tag weiter von ihnen entfernte.

Was weiter geschah, ist bis heute nicht vollständig geklärt. Manchen Berichten zufolge warteten die Männer noch ein paar Tage und überließen Glass dann seinem Schicksal, möglicherweise aus Furcht vor einem Angriff der Arikaras, einer Gruppe amerikanischer Ureinwohner. Um ihr Territorium zu verteidigen, hatten die Arikaras schon früher Pelztierjäger getötet. Ob aus diesem oder einem anderen Grund, jedenfalls machten Bridger und Fitzgerald sich davon, obwohl ihr Gefährte noch am Leben war.

Wohl in der Annahme, dass es mit ihm bald zu Ende gehen würde, nahmen die Männer sich von seiner Ausrüstung unter anderem Jagdmesser und Gewehr, Proviant und andere Vorräte, die sich unterwegs als nützlich erweisen mochten.

Es lässt sich nicht sagen, wann Glass wieder zu Bewusstsein kam – vielleicht Stunden, vielleicht auch erst Tage später. Er lag in dem flachen Grab und war in das Bärenfell gehüllt, mutterseelenallein und ohne seine Habe bis auf die zerfetzte Kleidung, in der er die Bärin aufgestört hatte. Über seinen Gemütszustand lassen sich nur Vermutungen anstellen, doch sobald ihm klar wurde, dass er viele hundert Kilometer vom nächsten sicheren Ort entfernt war, schwer verwundet und unbewaffnet in einem äußerst feindlichen Gebiet, muss er vor Schreck erstarrt gewesen sein.

Seine seit Tagen unbehandelten Wunden begannen zu eitern, zudem hatte er sich ein Bein gebrochen. Was er nicht wusste: Niemand würde ihn retten kommen. Das wissen wiederum wir, denn als sie ihren Expeditionstrupp eingeholt hatten, versicherten Bridger und Fitzgerald eilig, sie hätten einen Toten begraben, statt zuzugeben, dass sie einen Lebenden im Stich gelassen hatten.

Selbst in kritischen Fällen wie diesem war Glass um Einfälle nicht verlegen: Dank seiner Fingerfertigkeit richtete er sein gebrochenes Bein mithilfe einer primitiven Schiene aus einem Ast wieder ein. Sein zerfleischter Rücken machte ihm mehr Kopfzerbrechen, doch dann hatte er eine geniale, wenn auch gruselige Idee. An einem modrigen Baumstamm entdeckte er Maden, und da er wusste, dass diese gern verrottetes Fleisch fressen, presste er seinen Rücken gegen den Stamm. Gegen den grausamen Schmerz half ihm die Gewissheit, dass die Maden seine Wunden reinigen würden. Indem sie sein abgestorbenes, zerfetztes Fleisch fraßen, bewahrten sie ihn vor einer tödlichen Blutvergiftung.

Glass beschloss, sich nach Fort Kiowa, einem etwa 250 Kilometer entfernten französischen Pelzhandelsposten, aufzumachen, und hoffte, unterwegs auf Wasser und Nahrung zu stoßen. Wegen seines Beins und der übrigen Verletzungen konnte er weder gehen noch kriechen, sondern robbte nach besten Kräften über den unebenen, steinigen Boden.

Er kam nur qualvoll langsam voran und musste häufig Pausen einlegen, wenn Erschöpfung und Fieber ihn übermannten. Er schlief ein, wo er gerade lag; einmal wachte er Stunden später auf und sah einen weiteren riesigen Grizzly über sich – was allerdings auch nur ein Albtraum gewesen sein mag.

Über Tage und letztlich Wochen hinweg aß er Beeren und Wurzeln sowie alles andere, was er auf dem Boden fand und das nahrhaft zu sein schien. Gelegentlich gelang es ihm, Eier aus Bodennestern zu stehlen, und als er wieder etwas zu Kräften gekommen war, vertrieb er ein kleines Rudel Wölfe, die einen jungen Bison getötet hatten. Da er weder ein Messer noch Feuersteine bei sich hatte, riss er Fleischfetzen aus dem Kadaver und aß sie roh. Manche der dünneren Knochen brach er mittendurch und saugte das Mark aus, und auch wenn das rohe Fleisch zäh und blutig war, so gab es ihm doch die nötige Energie, um seinen Weg fortzusetzen.

Nach seinen eigenen Angaben trieb ihn zu dieser Zeit vor allem der Gedanke an Rache voran. Er erinnerte sich nur ver-

schwommen und wirr an die grausigen Vorfälle, konnte aber einfach nicht begreifen, warum die anderen Mitglieder des Expeditionstrupps ihn seinem Schicksal überlassen hatten. Für ihn war es Verrat – und er wollte sein Messer und sein Gewehr zurück.

Nach fast zwei Monaten hatte er erst weniger als die halbe Strecke bis Fort Kiowa geschafft, doch seine Wunden verheilten allmählich, als er den Cheyenne River erreichte. Aus zusammengeflochtenen Ästen zimmerte er sich ein primitives Floß; da er wusste, dass der Cheyenne in den Missouri mündete, wollte er sich darauf flussabwärts bis zu dem Fort treiben lassen.

Sein Eintreffen im Fort löste großes Staunen aus, das sich noch steigerte, als er vom erfolgreichen Kampf mit der Grizzlybärin und dem sehr viel längeren Überlebenskampf in der Wildnis berichtete. Nachdem er sich vollständig erholt hatte, machte er sich auf die Suche nach den Männern, die ihn dem Tod überlassen hatten. Ihn trieben Mordgedanken um – schließlich hatten diese Männer ihn letztlich so gut wie umgebracht, indem sie ihn halbtot und ohne jede Überlebenshilfe zurückließen.

Doch als er Bridger schließlich aufspürte, brachte er es nicht über sich, ihn zu töten. Wenn dieses Jüngelchen einen Angriff der Arikaras gefürchtet hatte, war es nur zu verständlich, dass er die Flucht ergriffen hatte. Letztendlich kam Fitzgerald ebenfalls ungeschoren davon – Glass wusste, dass man ihn vermutlich aufhängen würde, wenn er ihn umbrachte. Mord ist und bleibt Mord – das gilt auch für einen Mann, der es mit einem Grizzly aufnahm und todesmutig zurück ins Leben robbte.

MAURO PROSPERI
Der Wüstenläufer, der seinen
eigenen Urin trank
(Sahara, 1994)

Ein Marathonlauf stellt selbst für bestens durchtrainierte Sportler eine Herausforderung dar – doch der moderne Ultramarathon ist bei weitem härter. Er erfordert sehr viel mehr Zeit als der normale 42-Kilometer-Marathon und findet in höchst menschenfeindlichen Umgebungen statt.

Bei manchen dieser Wettkämpfe müssen hohe Bergpässe erklommen oder Gletscher zu Fuß überquert werden. Bei anderen gehören Langstreckenschwimmen und -radfahren ebenso dazu wie Laufen, Skifahren und Kanurennen. Seit fast dreißig Jahren gilt der Marathon des Sables, der »Sandmarathon«, als der schwerste und extremste in dieser Disziplin, und Prosperi wollte ihn in Angriff nehmen.

Für die insgesamt 240 Kilometer lange Strecke brauchen auch die besten Sportler knapp eine Woche, und wie der Name nahelegt, führt sie durch die Sahara, eins der heißesten Wüstengebiete der Welt. Damit nicht genug, müssen die Läufer ihre Verpflegung und Kleidung im Rucksack bei sich tragen. Die Temperaturen in diesem Teil von Marokko können tagsüber bis zu 58 °C erreichen, nachts hingegen, wenn die Läufer unterm Sternenhimmel schlafen, wird es empfindlich kühl.

Trinkwasser ist nur an den Kontrollstationen entlang der Strecke erhältlich. Auf ihrem Weg sehen die Teilnehmer sich zahlreichen Gefahren ausgesetzt, unter anderem tödlichen Schlangen, giftigen Skorpionen und riesigen Walzenspinnen, die bis zu fünfzehn Zentimeter Durchmesser erreichen, sich mit mehr als fünfzehn Stundenkilometern fortbewegen können und gnadenlos zubeißen.

Selbst ohne die Aussicht, gebissen oder gestochen zu werden, sieht man sich in der Sahara strapaziösen Bedingungen ausgesetzt. Abgesehen von der sengenden Hitze und der Anstrengung, bis zu fünfundsiebzig Kilometer pro Tag zurückzulegen, können Sandstürme, die ohne jede Vorwarnung auftreten, einem praktisch die Sicht nehmen.

Ein solcher Sandsturm hätte Prosperi im März 1994 beinahe das Leben gekostet. Zusammen mit 133 weiteren Teilnehmern trat der sizilianische Polizist zu dem Ultramarathon an, der bei weitem nicht sein erster war – außerdem zählte er auch noch zur italienischen Olympiamannschaft.

Aber es war sein erstes Wüstenrennen. Er gab alles und lag am vierten Tag auf dem siebten Platz. Nach dreißig Kilometern am Vormittag war er noch in relativ guter Verfassung, obwohl sich an einem Fuß schlimme Blasen bildeten. (Blasen können zu schweren Verwundungen führen; mindestens ein Teilnehmer musste nach Hause fliegen und sich einer Hauttransplantation unterziehen.) Prosperi war zuversichtlich, sein Tempo beibehalten zu können; nachdem er seine Wasserration erhalten hatte, begab er sich auf den nächsten Abschnitt der mörderischen Strecke.

Kurz nach Mittag kam wie aus dem Nichts starker Wind auf, der rasch heftiger wurde und sich zu einem üblen Sandsturm auswuchs. Wer so etwas nie erlebt hat, kann es sich nur schwer vorstellen. Binnen Sekunden werden Erde und Himmel ununterscheidbar, und die Luft ist voller winziger, rasiermesserscharfer Sandkörner, die sich in die Haut zu bohren scheinen und Augen, Mund und Nase schmerzhaft attackieren. In der verdüsterten Nebelsuppe ist die Sichtweite gleich null.

Es ist bekannt, dass man unter solchen Bedingungen am besten bleibt, wo man ist, bis der Sturm sich gelegt hat. Prosperi aber fürchtete, vom Sand begraben zu werden, und wollte seine Führungsposition nicht verlieren. Er befand es für sicherer, weiterzulaufen, doch als der Wind schließlich nachließ und man wieder etwas sehen konnte, wurde ihm sofort klar, dass er vom Kurs abgekommen war.

Der Sturm hatte mehr als sechs Stunden angehalten, und Tonnen von verwehtem Sand überdeckten die Route, der Prosperi hätte folgen müssen. Da er unmöglich abschätzen konnte, in welche Richtung er weiterlaufen sollte, holte er ein Notsignal aus seinem Rucksack. Dies musste jeder Läufer bei sich haben, um es im Ernstfall abzufeuern und den Organisatoren damit anzuzeigen, wo er sich befand.

Prosperi tat genau dies, doch niemand kam ihm zu Hilfe.

Unseligerweise hatte er sich während des Sturms so weit von der Marathonstrecke entfernt, dass sein Leuchtsignal nicht bemerkt wurde. Die Organisatoren hatten einen Suchtrupp nach dem vermissten Prosperi ausgeschickt, wussten aber absolut nicht, wo sie nach ihm suchen sollten. In einem Wüstengebiet von mehr als zehn Millionen Quadratkilometern war er auf sich gestellt.

Binnen Stunden hatte er seine Wasserflasche geleert und pinkelte fortan hinein, um im Fall der Fälle notwendige Flüssigkeit zur Hand zu haben. Wer in der Wüste überleben will, darf sich nur früh am Morgen und früh am Abend fortbewegen, wenn es noch relativ kühl beziehungsweise hell genug ist, das wusste er. Aber er wusste auch, dass ihm, selbst wenn er Schutz vor der Mittagshitze fand, ein qualvoller Tod durch Verdursten bevorstand.

Wie weit er kam, lässt sich schwer sagen, doch am dritten Tag seiner einsamen Wanderung gelangte Prosperi zu einem seit Langem aufgegebenen Schrein. Drinnen war es eng und dunkel, und als seine Augen sich umgestellt hatten, entdeckte er eine Schar schlafender Fledermäuse. Er tötete mehrere von ihnen und trank ihr Blut. Es muss grauenhaft geschmeckt haben und bot wohl wenig Erfrischung, aber es war besser als nichts. Wenn es so weiterging, das war Prosperi klar, würde er nicht mehr lange zu leben haben.

Seine Chancen, gefunden zu werden, so überlegte er, waren vielleicht größer, wenn er bei dem Schrein blieb. Er befestigte eine kleine italienische Flagge auf dem Dach, in der Hoffnung, damit Sucher auf sich aufmerksam zu machen, fand sich aber auch mit dem Gedanken ab, dass er schon tot sein könnte, bis man die Flagge entdeckte. Zumindest würde seine Familie wissen, was geschehen war, und ihn beerdigen können.

Wie jeder Ultramarathon-Teilnehmer wusste auch er, dass Verdursten eine besonders scheußliche Todesart darstellt, und erwog ernsthaft, sich umzubringen, bevor es dazu kam. Nachdem er einen Abschiedsbrief an seine Frau und seine Familie geschrieben hatte, beschloss er, sich mit dem Taschenmesser aus seinem Rucksack die Pulsadern aufzuschneiden. Dann suchte er sich eine einigermaßen bequeme Lage und wartete auf den Tod.

Zu seiner Überraschung erwachte er früh am folgenden Morgen. Müde, aber immer noch am Leben, stellte er mit einem Blick auf seine Handgelenke fest, dass kaum Blut daraus geflossen war. Vielleicht war es infolge seiner Austrocknung verklumpt. Dieses unerwartete Überleben gab ihm neue Hoffnung. Am Vortag hatte er sterben wollen, doch nun war er wild entschlossen, weiterzuleben und seine drei Kinder wiederzusehen. Wenn Nomaden und andere in der Sahara überlebten, dachte er, warum dann nicht auch ich?

Dem Tod so nahegekommen zu sein, stärkte auch Prosperis Vertrauen in seine eigenen Kräfte und Fähigkeiten. In den folgenden Tagen wanderte er langsam auf die nebelverhangene Bergkette zu, die er in etwa dreißig Kilometer Entfernung sehen konnte.

Zu essen hatte er nichts mehr, zu trinken nur die paar Tautröpfchen, die er morgens auflas, und den Urin aus seiner Wasserflasche. Diesen zu schlucken, war natürlich nicht gerade empfehlenswert, aber in seiner verzweifelten Lage blieb Prosperi keine andere Wahl. In den folgenden Tagen gelang es ihm, ein paar kleine Eidechsen zu fangen, die ihm als Nahrung dienten, und nachts grub er sich zum Schutz vor der kalten Wüstenluft in den Sand ein.

Nach neun Tagen endlich begegnete er einer Gruppe von Tuareg-Nomaden. Mittlerweile war er mehr als 220 Kilometer

von der Marathonstrecke und mehr als zwei Tagesfahrten vom nächstgelegenen Krankenhaus entfernt – und befand sich nicht mehr in Marokko, sondern in Algerien. Man transportierte ihn auf einem Kamel zu einer Armeestation. Dort hielten die Soldaten ihn zunächst für einen Spion, doch sobald das Missverständnis aufgeklärt war, behandelten sie ihn gut und organisierten seinen Abtransport aus der Wüste.

Prosperi überlebte – aber nur um Haaresbreite. Nach seinem fast völligen Zusammenbruch brauchte er knapp zwei Jahre Genesungszeit, nach der er darauf brannte, in die Sahara zurückzukehren. Die große Wüste hatte Mauro Prosperi beinahe umgebracht, ihn aber auch verzaubert. Verständlicherweise verweigerten die Organisatoren ihm einige Jahre lang die erneute Teilnahme an dem Ultramarathon. Bei seiner dritten Bewerbung gaben sie nach, und 2002 kam er nach etlichen gescheiterten Versuchen als Dreizehnter ins Ziel.

SUE RUFF UND BRUCE NELSON
Das Paar, dem ein Vulkan den Atem raubte
(Amerika, 1980)

Sue Ruff und Bruce Nelson zelteten mit Freunden am moosbewachsenen Nordufer des Green River in Washington State. Gegen acht Uhr dreißig morgens rösteten die sechs vergnügt Marshmallows zum Frühstück. Später wollten sie angeln gehen, an einer ruhigen Stelle knapp zwanzig Kilometer nördlich eines Vulkans namens Mount St Helens.

Der Vulkan war knapp dreitausend Meter hoch, doch von ihrem weit entfernten Standort aus konnten Ruff und Nelson nicht einmal seinen schneebedeckten Gipfel sehen. Hätten sie gewusst, dass ein Ausbruch unmittelbar bevorstand, wären sie – mit einigem Recht – davon ausgegangen, dass ihnen nichts passieren konnte, doch binnen Sekunden legte die Druckwelle ganze Wälder im Umkreis von gut vierzig Kilometern flach. Zusammen mit vielen anderen Wanderern und Holzfällern befanden die Freunde sich plötzlich in großer Gefahr.

Dieser Ausbruch war der tödlichste und verheerendste in der Geschichte Nordamerikas. 250 Häuser, viele Brücken und Hunderte Kilometer von Straßen und Eisenbahnstrecken wurden auf der Stelle zerstört.

Die Wucht des Ausbruchs zog ein schweres Erdbeben nach sich; eine Wolke aus Asche und Gas stieg zwanzig oder mehr Kilometer empor, und das Schmelzwasser der Vulkangletscher ergoss sich talwärts, was zum größten je belegten Erdrutsch der Geschichte führte. Eine mehr als fünfundsiebzig Kilometer breite Lawine aus Erde und Geröll schoss mit einer geschätzten Geschwindigkeit von mehr als 220 Stundenkilometern den Berg hinunter und begrub auf ihrem Weg alles unter sich.

Der Lärm war ohrenbetäubend; ein Zeuge sagte später, es habe sich angehört, als donnerten mehrere Passagierflugzeuge gleichzeitig durch die Bäume. Eine ungeheure Wolke aus glühender Asche senkte sich über Nelson und Ruff und hüllte alles um sie herum abrupt in Finsternis. Sie tappten blind herum, gerieten ins Stolpern und fielen in ein tiefes Loch. Geschockt und orientierungslos hockten sie dort, waren so aber zumindest vor der Hitzewolke geschützt, die oben über sie hinwegzog.

Als die Lage sich beruhigt hatte und sie aus dem Loch kletterten, fanden sie sich inmitten einer Art Mondlandschaft wieder. Sie selbst waren mehr oder weniger unverletzt.

Auf einer Fläche von fünfhundert Quadratkilometern war alles dem Erdboden gleichgemacht. Ganze Gebäude waren schlicht verschwunden, uralte Zedern mit einem Stammdurchmesser von bis zu zwei Metern entwurzelt und umgestürzt, und die Tierwelt in diesem Gebiet war praktisch ausgelöscht. Vor dem Ascheregen, den Steinen und den riesigen Eisbrocken, die aus dem Himmel auf sie einprasselten, suchten Nelson und Ruff Zuflucht unter einem Schutthaufen.

Dort sammelten sie sich etwas, und als sie ihren Unterschlupf verließen, hörten sie zwei ihrer Freunde um Hilfe rufen. Brian Thomas war offenbar von einem durch die Luft fliegenden Ast getroffen worden und meinte, er habe sich die Hüfte gebrochen. Dan Balch hatte durch den Ausbruch schwere Verbrennungen erlitten, die das Fleisch an seinen Händen förmlich abschälten. Außerdem hatte er seine Schuhe verloren und sich am Bein verletzt, konnte aber mit Unterstützung laufen, wohingegen Thomas sich fürs Erste nicht zu rühren vermochte. Die anderen beiden, Terry Crall und Karen Varner, waren nirgends zu sehen.

Bevor Balch langsam zum Fluss hinunterstieg, um seine Brandwunden zu kühlen, halfen Nelson und Ruff ihm beim Bau einer behelfsmäßigen Schutzhütte für Thomas. Alle drei versicherten ihrem Freund, dass sie ihn nicht im Stich lassen würden, und während der Vulkan weiter Rauch und Asche spie, machten Nelson und Ruff sich auf die Suche nach Hilfe.

Jeder Schritt innerhalb der Ausbruchszone war eine einzige Mühsal. Im Umkreis war kilometerweit alles knietief mit schwelender Asche bedeckt; Nelson und Ruff mussten sich die Hemdkragen als Maske vors Gesicht halten, doch selbst so fiel ihnen das Atmen schwer.

Mehrere Stunden kämpfte das Paar sich voran und musste immer wieder umgestürzte Bäume umgehen. Trotz Hitze

und Erschöpfung gaben sie nicht auf, bis sie in der Abenddämmerung von dem Piloten eines Helikopters der National Guard entdeckt wurden, der ihnen anbot, sie auszufliegen.

Die beiden weigerten sich, den Hubschrauber zu besteigen, bevor nicht jemand ihren Freunden zu Hilfe käme. Da der Vulkan immer noch Asche und flüssiges Gestein ausstieß – alles in allem mehr als fünfhundert Millionen Tonnen –, ließ sich der Pilot nur widerwillig überreden, mit ihnen den Zeltplatz anzufliegen. Doch als sie vor Ort mit der Suche begannen, vermochten die beiden nicht mehr zu sagen, wo genau sie Thomas zurückgelassen hatten. Alles, was als Orientierungspunkt hätte dienen können, war verschwunden, das ganze Gebiet von dem Ausbruch verwüstet und mit Schutt bedeckt. Außerdem konnte man in den gewaltigen Aschewolken kaum ein paar Meter weit sehen.

Unter solchen Bedingungen war eine gründliche Suche schlicht unmöglich, doch nachdem der Hubschrauber sie in Sicherheit gebracht hatte, erfuhren Nelson und Ruff zu ihrer Freude, dass ihre beiden Freunde bereits von einem anderen Trupp der National Guard gerettet worden waren.

Für die übrigen zwei ging es nicht so gut aus. Terry Crall und Karen Varner zählten zu den fast sechzig Todesopfern der Katastrophe. Ein Baum war auf ihr Zelt gestürzt und hatte sie erschlagen; da überall Chaos und Verwirrung herrschten, wurden ihre Leichen erst einige Zeit später entdeckt. Die Retter fanden das Paar eng zusammengekuschelt, Crall hatte den Arm schützend um seine Freundin geschlungen.

COLBY COOMBS
Der Bergsteiger, der aus einer Lawine herauskam
(Alaska, 1992)

Im Frühsommer 1992 machte der erfahrene Bergsteiger und Wildnisführer Colby Coombs mit seinen Freunden Tom Walter und Ritt Kellogg Urlaub in der Alaska Range, der höchsten Bergkette Nordamerikas, die sich über gut sechshundert Kilometer erstreckt und bis auf sechstausend Meter ansteigt. Die drei Freunde waren auf eine neue Herausforderung aus und wollten eine ihnen bis dahin unbekannte Route zum 5300 Meter hohen Gipfel des Mount Foraker erkunden. Damit kamen sie gut voran, bis am vierten Tag aus heiterem Himmel ein heftiger Sturm aufzog.

In Regionen oberhalb von viertausend Metern kann ein Wetterumschwung die Landschaft im Nu verändern. Binnen Sekunden waren die Männer infolge eines als »Whiteout« bekannten Phänomens praktisch blind. Bevor sie Schutz suchen oder ihre Lage überdenken konnten, wurden sie von einer Lawine mitgerissen. In solch einem Fall kann man wenig mehr tun, als auf das Beste zu hoffen. Schon bald überschlugen die Männer sich willenlos und stürzten schließlich etwa 250 Meter tief über eine steile Felswand.

Nach dem Aufprall war Coombs mehr als sechs Stunden bewusstlos. Als er wieder zu sich kam, hing er am Ende eines Seils – angsterfüllt, aber dankbar, noch am Leben zu sein. Zum Glück hielt das Seil seinem Gewicht stand, doch sein Rucksack und seine Thermofäustlinge waren verschwunden. Sein Schutzhelm war zersplittert, was auf die Wucht der Lawine schließen lässt. Außerdem litt er starke Schmerzen, weil er sich die Schulter, einen Knöchel und zwei Halswirbel gebrochen hatte.

Nach und nach konnte er Umschau halten und entdeckte ganz in der Nähe seinen Kameraden Walter. Auch er hing in bedrohlicher Lage an einem Seil, doch von Kellogg war nichts zu sehen oder zu hören.

Selbst die geringste Bewegung verursachte ihm Qualen, dennoch gelang es Coombs unter Einsatz seines vollen Körpergewichts, sich näher zu Walter hin zu schwingen. Nun sah er, dass dessen Gesicht von Schnee und Eis verkrustet war, und begann das Schlimmste zu befürchten. Nach ein paar weiteren Pendelschwüngen bekam er seinen Freund zu fassen – nur um festzustellen, dass dieser den Sturz nicht überlebt hatte.

Es war ein furchtbarer Schock, einen engen Freund auf so grausame Weise verloren zu haben, und Coombs war dankbar für die Kruste aus Eis und Schnee, die ihm den noch größeren Schmerz ersparte, das Gesicht seines Kameraden zu sehen. Dies half ihm, den Unfall unbeteiligter zu betrachten – was sich als wesentlich für sein Überleben erwies. Indem er den Leichnam schlicht und einfach als toten Körper abhakte, konnte er sich voll und ganz auf seinen eigenen Überlebenskampf konzentrieren. Die Trauer um seinen Freund würde warten müssen, so entschied er, bis er selbst in Sicherheit war.

Er musste sich darauf konzentrieren, so schnell wie möglich von dem Berg herunterzukommen. Das hieß vor allem, nicht in Panik oder Furcht zu verfallen und sich von den zunehmenden Schmerzen in seinem geschundenen Körper nicht ablenken zu lassen. Wichtig war auch, nichts zu überstürzen. Er schnitt sich vom Seil los, und da ihm von dem Sturz immer noch schwindlig war, hielt er es für das Vernünftigste, sich eine Weile auszuruhen. Also nahm er Walters Schlafsack an sich und genehmigte sich ein paar Stunden Schlaf auf einem schmalen Felssims.

Am folgenden Morgen fühlte er sich schon viel ruhiger und seilte sich behutsam zum Fuß der Felswand ab. Hier machte er eine weitere furchtbare Entdeckung: Ritt Kellogg hatte den Absturz ebenfalls nicht überlebt und lag tot vor ihm auf dem Boden. Noch einmal zwang er sich bewusst, dem Kummer keinen Raum zu geben. Stattdessen durchsuchte er Kelloggs Ausrüstung nach Seilen, Proviant und anderem, das ihm von Nutzen sein mochte. Bevor er sich an den einsamen Abstieg machte, kochte Coombs sich etwas zu essen und schmolz ein wenig Schnee zu Trinkwasser.

Der Erfolg seines Unternehmens, das wusste er, hing nicht nur von seinen Kletterkenntnissen und seiner Erfahrung ab,

sondern auch von der eisernen Entschlossenheit, sich ausschließlich auf sein Überleben zu konzentrieren. Coombs gelobte sich, nicht aufzugeben, ehe er nicht alles versucht hatte, um lebend nach Hause zu kommen. Seine Furcht, dessen war er sich sicher, ließ sich im Zaum halten, wenn er bewusst jeden Gedanken an den Tod aus seinem Kopf verbannte. Auch hoffte er, seine Schmerzen zu lindern, indem er statt an sie nur an die ihm bevorstehende Aufgabe dachte.

Dennoch wusste er dank seiner früheren Erlebnisse in der Alaska Range sehr genau, welche Gefahren jemandem in seiner Situation drohten, insbesondere in großer Höhe und an einem respekteinflößenden Berg wie dem Foraker. Solche Bedingungen zwingen selbst die fittesten, bestmöglich ausgerüsteten Bergsteiger zu Wachsamkeit. Daher musste Coombs stets im Auge behalten, was ihm zum Verhängnis werden konnte: Stress, Austrocknung, Erschöpfung – und dass er den Elementen schutzlos ausgeliefert war.

Die besten Überlebenschancen hatte er seiner Meinung nach, wenn er den sogenannten Southeast Ridge erreichte. Da er mit seinem zerschmetterten Fuß nicht auftreten konnte, brauchte er selbst für kurze Entfernungen gefühlt eine Ewigkeit. Das muss ungeheuer frustrierend gewesen sein, doch Coombs vertraute darauf, dass seine festen Stiefel die zersplitterten Knochen zusammenhalten würden, und schleppte sich weiter.

Mehrfach war er zu langen und qualvollen Umwegen gezwungen. Einmal musste er wegen frischem Schneefall im Schneckentempo bergauf zurück und eine neue Route um das tiefe Schneefeld suchen, sonst hätte er womöglich eine weitere tödliche Lawine ausgelöst. Unzählige Male verhakte sich sein Seil an Felsvorsprüngen oder franste aus, und die Anstrengung, nur ja nicht abzurutschen, bereitete ihm noch mehr Schmerzen als ohnehin, weil seine gebrochenen Knochen dabei immer weiter auseinandertraten.

Trotz allem gab Coombs nicht auf. Nach einigen Tagen gelangte er zum Kahiltna-Gletscher, einem mehr als vierzig Kilometer langen Eiskanal voller verborgener Spalten. Da ihm nichts anderes übrigblieb, machte er sich auch hier auf seinen langen, zähen Weg.

Im Basislager Denali würde er wieder auf Menschen treffen. Dort gab es auch eine während der Klettersaison genutzte Start- und Landebahn auf dem Eis für speziell darauf zugeschnittene Flugzeuge. Eins von diesen brachte Coombs endlich in Sicherheit, nämlich zu einem nahe gelegenen Krankenhaus, wo seine zweite lange Reise begann – der Weg zur Genesung. Die folgenden drei Monate saß er im Rollstuhl, und die Ärzte taten alles, um seine gebrochenen Knochen wieder instand zu setzen. Irgendwann kehrte er in die Berge zurück und gründete eine Schule mit Kursen zum Thema »Sicherheit beim Klettern«.

ERIC LEMARQUE
Der Snowboarder, der fatal falsch abbog
(Kalifornien, 2004)

Eric LeMarque, ein professioneller Eishockeyspieler und Sportstar in Topform, nahm unter anderem 1994 an den Olympischen Winterspielen teil. Nach Beendigung seiner Karriere wandte er sich dem Snowboarden zu. Dieser Sport wurde ihm bald zur Leidenschaft, ein aufregendes Hobby, das ihn so begeisterte und aufputschte, dass er ihm den Großteil seiner Zeit widmete.

Im Jahr 2004 war LeMarque mit seinem Snowboard auf

dem Mammoth Mountain unterwegs, einem uralten Vulkan in der kalifornischen Sierra Nevada, der mit seinen Ausmaßen durchaus als »Mammut« bezeichnet werden darf. Er ist fast dreitausend Meter hoch und keineswegs ungefährlich, auch wenn der letzte Ausbruch mehr als siebenhundert Jahre zurückliegt.

Einige Jahre zuvor war ein Ranger beinahe an Gas erstickt, das aus den Felsen drang – in hohem Maße giftigem Gas, dem schon Tausende von Bäumen zum Opfer gefallen sind. Später starben drei Mitglieder eines Bergwachtteams an Vergiftung durch natürliches Kohlendioxid, das aus dem Boden austrat.

Diese und viele andere Gefahren wohnen solchen Bergriesen inne, und mit seinen jährlichen Schneefällen in Höhe von zehn Metern (unter denen ein ganzes Haus begraben werden könnte) stellt der Mammoth keine Ausnahme dar. LeMarque wusste das sehr wohl, war aber so süchtig nach seinem Sport, dass er eine Sturmwarnung und die entsprechende Aufforderung der Bergwacht, die Hänge zu räumen, buchstäblich in den Wind schlug und beschloss, vor Feierabend noch eine letzte berauschende Abfahrt zu genießen. Eine törichte Entscheidung, die ihn um ein Haar das Leben kostete.

Ein Vollblut-Snowboarder wie LeMarque hätte wissen müssen, dass Anweisungen der Bergwacht ernst zu nehmen sind, doch in jenem Moment dachte er nur daran, dass er den Tag mit einer letzten tollen Abfahrt krönen wollte. Ihm war das Risiko wohl bewusst, bei dieser Abfahrt in dichten Nebel zu geraten. Dennoch wanderte er weiter bergan bis zu seinem Startpunkt.

Als er mit Karacho talwärts raste, geschah genau das, was vorauszusehen gewesen war: Plötzlich nahm ihm eine dichte Nebelbank die Sicht und die Orientierung. Nun beging er den zweiten großen Fehler dieses Tages – er schlug im Nebel die falsche Richtung ein. Was er natürlich nicht wusste, aber damit bewegte er sich immer weiter in unwegsames Gelände statt zu einer Route, die ihn vom Berg hinunter und in Sicherheit bringen würde.

Dies wurde LeMarque allerdings bald klar, doch bei einer Sichtweite von gerade mal einem Meter konnte er seine Schritte nicht zurückverfolgen. Außerdem wurde es allmählich dunkel, und damit saß er zunehmend in der Klemme: allein auf einem Berg, bei schlechter Sicht und fallenden Temperaturen, und ohne jede Ausrüstung zum Überleben.

Genauer gesagt, hatte er überhaupt keine Ausrüstung außer seinem Snowboard und einem MP3-Player mit Radio, den er gern spielen ließ, während er über den Schnee dahinschoss. Der Ernst der Lage war ihm bewusst, doch im Augenblick ließ sich nichts daran ändern. Er würde die Nacht auf dem Berg zubringen müssen, ohne Zelt, ohne Schlafsack und ohne Essen. Er konnte nirgendwo Schutz suchen und hatte nur das, was er am Leib trug.

Wenn überhaupt, so schlief er vielleicht ein paar Minuten – Monate später erinnerte er sich lediglich, dass er unablässig gezittert hatte. Am folgenden Morgen, so sein Plan, würde er trotz Sturm und schlechter Sicht talwärts gehen; sicher würde er seine Spuren finden und dann seiner ursprünglichen Route zu einer der Skihütten folgen.

Damit lag er leider falsch. Der Sturm hatte seine Spuren verweht; zu seiner Riesenerleichterung hörte er in der Stille zumindest Wasser plätschern. Der Fluss war nicht allzu weit entfernt, doch als er sich hinkniete, um einen Schluck zu trinken, geschah das Unheil.

Der Felsvorsprung, auf dem LeMarque kniete, brach ab, und er stürzte kopfüber in den Fluss. Vor Schreck brauchte er eine Weile, um zu begreifen, was passiert war, und dann noch eine ganze Weile, um sich aus dem eiskalten Wasser wieder ans Ufer zu hieven. Nun war er nicht nur durchgefroren und ausgehungert, sondern auch noch nass bis auf die Haut.

Instinktiv riss er sich die Kleider vom Leib und tanzte splitternackt wie ein Verrückter im Schnee herum, um wieder trocken zu werden und sich aufzuwärmen. Das funktionierte auch einigermaßen, doch dann blieb ihm nichts übrig, als die nassen Kleider wieder anzuziehen. Seine Körpertemperatur sank, und bis zum Dunkelwerden kam er kaum voran. Er fand einen Felssims als Ruheplatz und wusste, dass ihm eine weitere einsame Nacht auf dem Berg bevorstand, ohne jede Chance, der Feuchtigkeit und der Kälte zu entkommen – mittlerweile herrschten deutliche Minusgrade.

Am folgenden Morgen waren LeMarques Hände und Füße weitgehend taub. Als er Stiefel und Socken auszog, sah er zu seinem Entsetzen lila und schwarz verfärbte Frostbeulen an seinen Füßen.

Schwere Erfrierungen lassen sich nur durch rasche Gegenbehandlung beheben. Eine solche Behandlung war in seiner Lage unmöglich, und selbst wenn er es schaffte, sich in Sicherheit zu bringen, würde er womöglich beide Füße verlieren.

Das zweite große Problem bestand darin, dass er sich immer noch in die falsche Richtung bewegte. Für jemanden mit null Proviant, halb erfrorenen Füßen und ohne spezielle Ausrüstung kam er hervorragend voran – am dritten Tag legte er mehr als zehn Kilometer durch den Schnee zurück. Aber es herrschte immer noch schlechte Sicht, und mit jedem Schritt entfernte er sich weiter von einem sicheren Ort. Erst als es aufklarte, wurde ihm dies bewusst. Mittlerweile war er mindestens dreizehn Kilometer von seinem Kurs abgekommen und hatte keine andere Wahl, als wieder bergauf zu steigen und von vorne anzufangen.

Schier unglaublich, aber dieser angeschlagene und erschöpfte Mann fand die Willenskraft, sich weiter voranzuzwingen. Es war eine einzige Tortur, und manchmal schaffte er nur zehn Schritte hintereinander – doch er erlaubte es sich stets erst nach diesen zehn Schritten, sich in den Schnee fallen zu lassen und Rast zu machen.

Jeden Abend schaufelte er sich mit seinem Snowboard eine flache Schneehöhle. Sie war weder warm noch behaglich, bot aber einen gewissen Schutz gegen die schlimmsten Wetterbedingungen am Berg. Alles in allem überstand er so sieben Nächte und schaffte es gegen Ende dieser Marter, vor lauter Erschöpfung bis morgens durchzuschlafen.

Am Morgen des achten Tages hörte er auf seinem MP3-Radio, dass ein örtliches Such- und Rettungsteam die Region durchkämmte, um seine Leiche zu finden. Das versetzte ihm einen furchtbaren Schock: Offensichtlich glaubte niemand, der den Mammoth kannte, dass ein Snowboarder ohne Nahrung, Schutz und Überlebensausrüstung nach mehr als einer Woche auf den Hängen noch am Leben sein konnte.

Das bestärkte ihn erneut in seinem Beschluss, zu überleben. Bisher hatte niemand mehr als zwei Nächte unter vergleichbaren Bedingungen überstanden, doch ab diesem Punkt betete er um die nötige Entschlossenheit, den Weg hinunter zu schaffen, wie auch immer. Und wenn er auf allen vieren kriechen musste, seine Eltern sollten ihren Sohn nicht zu Grabe tragen müssen.

Neben den Frostbeulen plagten ihn mittlerweile auch Symptome einer akuten Unterkühlung, die häufig zum Tod führt, wenn die Körpertemperatur eines Menschen bedrohlich absinkt. Er litt unter Atemnot und bekam Wahnvorstellungen.

Schlimmer noch, das Verlangen, sich hinzulegen und zu schlafen, war so stark, dass er sich kaum noch rühren konnte.

Unter diesen Umständen erscheint es zweifelhaft, ob er es bei aller Willenskraft geschafft hätte, sich in Sicherheit zu bringen. Doch das wird man nie wissen, denn eben als er wieder einmal gegen den Drang kämpfte, sich unter einem schneebedeckten Gebirgskamm auszuruhen, hörte er ein schwaches Motorengeräusch.

Es wurde zunehmend lauter, und dann zerriss der ohrenbetäubende Krach eines Hubschrauberrotors die Luft. LeMarque war endlich in Sicherheit, aber in grauenhafter Verfassung. Seine Körpertemperatur war gefährlich abgesunken, und er war vollkommen ausgetrocknet. Außerdem hatte er in der einen Woche fast achtzehn Kilo abgenommen. Man flog ihn ins Krankenhaus, wo ihm wegen der Erfrierungen beide Unterschenkel amputiert werden mussten.

Trotz allem erholte er sich erstaunlich gut. Nach vielen langen und komplizierten Operationen kehrte Eric LeMarque, nunmehr mit Beinprothesen ausgestattet, zum Mammoth Mountain und seinem geliebten Snowboarden zurück.

CRAIG HOSKING
Der Pilot, der in einen Vulkan stürzte
(Hawaii, 1992)

Der Kamerapilot Craig Hosking hat schon viele berühmte Action-Szenen für Hollywood-Kassenschlager mit Figuren wie James Bond, Batman und Indiana Jones gefilmt. Ein Traumjob für jemanden wie Hosking, der sich für Fliegen und Fotografie begeisterte, solange er denken konnte – mit nur sechzehn Jahren bekam er die Fluglizenz für Hubschrauber.

An einem Samstag im Jahr 1992 hatte er den Kameramann Mike Benson und den Kameraassistenten Christopher Duddy an Bord. Sie wollten für den Film *Sliver* Szenen mit brodelnder

Lava drehen, und zwar am Kilauea, dem aktivsten der fünf Vulkane auf der Insel Hawaii. Geplant war, eine große Rauchwolke aus einem Schlot namens Pu'u 'O'o und einen Lavasee, etwa dreißig Meter tief im Krater selbst, zu filmen.

Hosking flog mit den beiden Kameramännern mehrmals in den insgesamt zweihundert Meter tiefen Krater, doch beim dritten Tiefflug schien der Hubschrauber an Antrieb zu verlieren. Auf dem Schaltfeld flammte ein Alarmsignal auf; der Ausfall erfolgte so plötzlich, dass der Hubschrauber in eine dichte Rauch- und Dampfwolke aus dem Vulkan absackte. Als Hosking kurz darauf wieder freie Sicht hatte, wurde ihm klar, dass er eine Notlandung durchführen musste.

Es blieben nur Sekunden, bevor der Antriebsausfall sich zur Katastrophe auswuchs. Hoskings Berufserfahrung sagte ihm, dass sie auf keinen Fall komplett aus dem Krater herauskommen konnten. Er durfte aber auch nicht zu nahe bei dem kochenden Lavasee landen, sonst würde sich der Hubschrauber auf dem abschüssigen Gelände überschlagen, was für alle drei den sicheren Tod bedeutete. Ihm blieb nur, eine ebene Stelle nahe dem Zentrum des Kraters anzusteuern.

Der Plan war alles andere als ideal, aber Hoskings Meinung nach konnte er funktionieren, wenn es ihm gelang, die blubbernde Lava und eine weitere, mit Steinen übersäte Fläche zu meiden. Unglücklicherweise hatte der Rotor beim rasanten Absacken des Hubschraubers die Kraterwand gestreift und war abgebrochen. Hosking schaffte es, die Maschine zu Boden zu bringen, doch nun saßen die Männer gute fünfzig Meter unterhalb des Kraterrandes fest.

Benommen und geschockt entstiegen sie dem schwer ramponierten Hubschrauber; was sie vor sich sahen, glich einer Szene aus einem der Katastrophenfilme, an deren Entstehung sie mitwirkten. Erstickende, giftige Dämpfe schufen buchstäblich dicke Luft, und das Geräusch des flüssigen Gesteins, das an die Oberfläche blubberte, trug das Seine zu der furchterregenden Szenerie bei. Manchmal gurgelte es verdächtig, dann wieder klang es wie Wellen, die sich auf Kieseln brechen. In ihrem düsteren Felsverlies erlebten sie eine grausige Lightshow, das gespenstische Glühen des kochenden Lavateichs.

Allen dreien war klar, dass sie von überaus gefährlichen Gasen umgeben waren, unter anderem von Schwefelwasserstoff (giftig, extrem ätzend, brennbar und explosiv) sowie einem toxischen Reizstoff namens Schwefeldioxid. Vom Kraterrand schien eine Brise Frischluft zu ihnen zu wehen, doch wenn sie nicht bald aus dem Vulkan herauskamen, würden sie mit Sicherheit ersticken. Bisher hatte es noch kein Anzeichen für einen Rettungstrupp gegeben, darum beschlossen Duddy und Benson, an der Innenwand des Vulkans hochzusteigen, in der Hoffnung, einen Weg bis ganz nach oben zu finden. Hosking blieb bei seinem zerbeulten Hubschrauber, er wollte versuchen, das defekte Funkgerät zu reparieren und Hilfe anzufordern.

Duddy und Benson stellten rasch fest, dass ihr Vorhaben eine nervenaufreibende Herausforderung war – keiner von beiden verfügte über irgendwelche Erfahrungen oder gar Fachkenntnisse im Besteigen einer Kraterinnenwand. Sie war spröde und brüchig, und jede unbedachte Bewegung konnte mit Leichtigkeit einen Erdrutsch auslösen, der noch größere Gefahren barg. Sehr, sehr langsam und vorsichtig arbeiteten sie sich den Krater hinauf, wurden jedoch bald voneinander getrennt und strandeten gute zwanzig Meter unterhalb des Kraterrands auf Felsgraten.

Hosking hatte mehr Glück. Trotz der schneidenden Luft und mehrerer Fehlschläge gelang es ihm schließlich, das Notfunkgerät des Hubschraubers zu reparieren und Hilfe anzufordern. Ein mutiger Pilot aus der Region machte zwei Anläufe, und schließlich konnte Hosking einsteigen.

Die Bergung der anderen beiden Männer gestaltete sich sehr viel schwieriger. Benson fand es am vernünftigsten, zu bleiben, wo er war, und auf einen Rettungstrupp zu hoffen. In dieser Höhe war die Luft besser, und seinem Gefühl nach war es zu gefährlich, den Aufstieg fortzusetzen. Also suchte er Unterschlupf in einer schmalen Felsspalte und wartete auf das Eintreffen der Helfer.

Duddy entschied sich für die andere Alternative. Überzeugt, dass er sterben würde, wenn er noch viel länger in dem Vulkan bliebe, kämpfte er sich weiter Richtung Kraterrand. Irgendwann während seines langsamen Aufstiegs erschreckte er sich halb zu Tode: Plötzlich zeigte sich ein mannsgroßes Objekt in der Gaswolke und krachte auf den Kraterboden. Duddy dachte, einer seiner Gefährten sei abgestürzt und dabei zerschmettert worden. Tatsächlich war es der Beweis, dass Hilfe unterwegs war. Der große Gegenstand war ein Rettungspaket, das Helfer über den Kraterrand geworfen hatten, in der Hoffnung, dass es nahe bei den unten gefangensitzenden Männern landete.

Der Vorfall beunruhigte Duddy zutiefst, doch am folgenden Nachmittag gegen halb drei erreichte er schließlich den Kraterrand. Hustend und röchelnd, was dem Gas geschuldet war, aber wie Hosking wenigstens in Sicherheit. Blieb Benson, der mehr als vierundzwanzig Stunden nach dem Unfall immer noch in seiner Felsspalte festsaß und zunehmend litt.

Da der Kontakt zu den beiden anderen abgebrochen war, bestand seine größte Furcht darin, er sei nunmehr der einzige Überlebende. Das minderte in seinen Augen noch weiter die Chance, gerettet zu werden, und die Geräusche des aktiven

Vulkans unter ihm zerrütteten seine Nerven zusätzlich. Er versuchte sich mit kleinen Tricks abzulenken, indem er zum Beispiel das Alphabet rückwärts aufsagte. Seit vielen Stunden hatte er nichts mehr gegessen, aber wenn er seine gewölbten Hände aus der Felsspalte streckte, konnte er darin immerhin etwas Regenwasser zum Trinken auffangen.

Irgendwann begann er zu halluzinieren und glaubte Pele, die tückische hawaiianische Vulkangöttin, vor sich zu sehen, die ihn über den Krater hinweg zu sich lockte, doch zum Glück hatte er noch Widerstandskraft in sich. Immer wieder stand er auf und brüllte sie an, sie solle ihn in Ruhe lassen.

Am Montagmorgen saß Benson immer noch in seiner Falle fest, aber dann lösten sich Dunst und Rauchwolken vorübergehend auf, und ein weiterer Hubschrauberpilot erspähte den Vermissten, wenn auch nur für ein, zwei Sekunden. Der Rauch verdichtete sich wieder, und Bensons schattenhafter Umriss verschwand so schnell, wie er aufgetaucht war, doch zumindest kannte das Rettungsteam nun seine ungefähre Position.

Unter diesen Bedingungen ein drittes Mal in den Krater zu fliegen, schien zu gefährlich. Stattdessen wurde ein großes Netz am Ende eines fünfzig Meter langen Stahlkabels langsam zu der Felsspalte herabgelassen. Es in die richtige Position zu bringen, erforderte fliegerisches Können und brauchte seine Zeit. Doch endlich bekam Benson es zu fassen und kraxelte hinein. Am späten Vormittag, fast zwei volle Tage nachdem der ursprüngliche Hubschrauberflug ein unglückliches Ende genommen hatte, befand sich Benson wieder in der Luft und auf dem Weg ins nächstgelegene Krankenhaus.

Fast eine Woche litt er noch unter bellendem Husten, doch ansonsten waren er und die beiden anderen Männer erstaunlicherweise mit ein paar kleinen Schnittwunden und Prel-

lungen davongekommen. Ein mehr als glücklicher Ausgang selbst für eine normale Bruchlandung – doch nach dem Beinahe-Absturz in einen aktiven Vulkan nichts weniger als ein Wunder.

ANNA BÅGENHOLM
Die Frau, die den Kältetod starb – und wieder zum Leben erwachte
(Norwegen, 1999)

Während ihrer langen Facharztausbildung zur Chirurgin nahm sich die neunundzwanzigjährige Anna Bågenholm eine kleine Auszeit zum Skifahren auf einem ihrer Lieblingsberge in der schönen Umgebung von Narvik in Nordnorwegen – und geriet dabei in Lebensgefahr.

Sie und zwei befreundete Kolleginnen genossen den warmen Frühlingsabend in den Kjølen-Bergen; als Bågenholm um einen Wasserfall herumkurven wollte, stürzte sie plötzlich kopfüber in einen zugefrorenen Bach. Er war nicht tief, aber sie wurde zwischen einer dicken Eisschicht und Felsen eingeklemmt und bekam kaum noch Luft.

Ihre Freunde versuchten vergeblich, sie herauszuziehen. Die eine hielt Bågenholms Skier krampfhaft umklammert, damit sie nicht noch weiter unter Wasser gezogen wurde, die andere setzte per Handy einen Notruf ab.

In dieser Notlage, die leicht zur Todesfalle hätte werden können, fand Bågenholm zum Glück eine Luftblase unter dem Eis. So konnte sie weiteratmen, war aber immer noch ungeschützt der Kälte ausgesetzt. Als die Zeit verrann und keine Hilfe in Sicht kam, verlor sie allmählich das Bewusstsein. Nach vierzig Minuten hielten ihre Freundinnen einen offenbar leblosen Körper im Griff.

Es dauerte noch eine Weile, bis die erste von zwei Rettungsmannschaften die enge Schlucht erreicht hatte. Bågenholms Beine wurden mit einem Seil fixiert, dann begannen die Retter, sich mit einer Schneeschaufel und einer kleinen Kreissäge durch das zwanzig Zentimeter dicke Eis zu arbeiten. Es ging nur langsam voran, doch als eine zweite Mannschaft mit einer größeren, spitzeren Schaufel eintraf, konnten sie Bågenholm aus dem Bach ziehen.

Mittlerweile war sie etwa achtzig Minuten unter Wasser gewesen. Sie atmete nicht, und es war kein Puls feststellbar, was bedeutete, dass ihr Herz nicht mehr schlug und ihr Blutkreislauf zusammengebrochen war. Ihre Pupillen reagierten nicht auf grelles Licht – ein besorgniserregendes Anzeichen dafür, dass sie an einer Kombination aus Unterkühlung und Sauerstoffmangel gestorben war.

Das nächstgelegene Krankenhaus war eine Flugstunde entfernt. Während die Gruppe um Bågenholm auf das Eintreffen eines Hubschraubers wartete, wurden unermüdlich

Wiederbelebungsversuche unternommen, doch Bågenholm blieb weiter totenblass und vollkommen reglos. Zum Standardvorgehen in solchen Fällen gehören Mund-zu-Mund-Beatmung, Herzdruckmassage und andere Erste-Hilfe-Maßnahmen, die unter dem Sammelbegriff Herz-Lungen-Wiederbelebung bekannt sind – doch keine von ihnen zeigte irgendeine Wirkung.

Immer noch anscheinend leblos, wurde Bågenholm in den Hubschrauber verfrachtet und mehr als zwei Stunden nach ihrem Sturz in die Universitätsklinik von Tromsø geflogen. Die Symptome, die sie aufwies, wurden von den dortigen Ärzten sofort als Unterkühlung erkannt: Wenn die Körpertemperatur unter 30 °C absinkt, verlieren die meisten Menschen das Bewusstsein, und bei 25 °C ist die Wahrscheinlichkeit eines Herzanfalls hoch. Ohne ärztliche Behandlung kann sehr rasch der Tod eintreten.

Bågenholms Körpertemperatur war auf unglaubliche 13,7 °C abgesunken – obwohl Unterkühlung in diesem Teil von Skandinavien durchaus keine Seltenheit darstellt, lag hier doch ein außergewöhnlich schwerer Fall vor. Tromsø liegt rund 340 Kilometer nördlich des Polarkreises, hier wurden schon Schneefälle von zweieinhalb Metern verzeichnet. Die örtlichen Krankenhäuser haben häufig mit unterkühlten Patienten zu tun, doch als in der Intensivstation nach wie vor kein Puls feststellbar war, wusste man, dass keine gewöhnliche Situation vorlag.

Die Luftblase hatte Bågenholm zwar vor dem Ertrinken bewahrt, doch nun mussten die Ärzte eine lange, komplizierte Prozedur in Gang setzen, um herauszufinden, ob die Patientin auf irgendeine Art und Weise wieder vollständig ins Leben zurückzuholen war. Die versammelten Ärzte, Schwestern und Pfleger wussten, dass bei allen vergleichbaren Fällen von Unterkühlung, mit denen sie bisher zu tun gehabt hatten, niemand ein solch dramatisches Absinken der Körpertemperatur überlebt hatte.

In einem speziell ausgestatteten OP-Saal wurde Bågenholm an eine Herz-Lungen-Maschine angeschlossen, und zur Überwachung ihrer Herztätigkeit führte man eine Videosonde in ihren Brustkorb ein. Während die Wiederbelebungsversuche weiterliefen, wurde mit aller Vorsicht das Blut aus ihren Adern abgeleitet, durch die Maschine geschleust und anschließend sacht in ihre Arterien zurückgepumpt. Durch diese allmähliche Erwärmung des Blutes hofften die Ärzte, die Patientin nach und nach wieder auf Normaltemperatur und zu Bewusstsein bringen zu können.

In den bisherigen vier Stunden hatte sie keine Lebenszeichen erkennen lassen, doch dann wurde ein schwacher Herzschlag ausgemacht und kurz darauf bestätigt. Über einen Zeitraum von neun Stunden hinweg wurde Bågenholms Puls langsam kräftiger; fast einhundert Ärzte und Pflegekräfte arbeiteten daran, ihr Gehirn und ihren Körper wieder voll zum Leben zu erwecken.

Doch auch wenn ihr Herzschlag sich normalisierte und sie einige Tage später die Augen aufschlug, war sie offensichtlich immer noch in einem sehr schlechten Zustand. Es gab keine offenkundigen Verletzungen, keine Arm- oder Beinbrüche, aber sie war vom Hals abwärts bewegungsunfähig. Ihre Nieren und ihr Verdauungssystem funktionierten ebenfalls nicht ordnungsgemäß, und sie musste noch mindestens zwei Monate auf der Intensivstation des Krankenhauses bleiben, mit Schläuchen an eine Vielzahl medizinischer Geräte angeschlossen, und brauchte spezielle Behandlungen rund um die Uhr.

Der entscheidende Faktor war, dass sie keine Hirnschäden davongetragen hatte – erstaunlich bei jemandem, der keiner-

lei Lebenszeichen mehr erkennen ließ. Dieses medizinische Wunder lässt sich nicht mit Sicherheit erklären, vor allem deshalb, weil wie gesagt sich bisher noch niemand sonst von einer so niedrigen Körpertemperatur wie 13,7 °C erholt hat. Darum wird Bågenholms Fall weiterhin von Ärzten in der ganzen Welt intensiv studiert, und es ließen sich daraus viele wegweisende Instruktionen für die lebensrettende Behandlung von Schlaganfällen, Leberversagen und Epilepsie sowie schwerer Unterkühlung ableiten.

Allerdings glaubt Bågenholms behandelndes Ärzteteam den Grund für ihr außerordentliches Glück zu kennen: In einer entscheidenden Hinsicht könnte die eisige Temperatur des Bachs sich zu ihrem Vorteil ausgewirkt haben. Unter Ärzten ist schon seit geraumer Zeit bekannt, dass ein kaltes Gehirn weniger Sauerstoff braucht als ein warmes, sodass Bågenholm in den Stunden nach ihrem Sturz in den Eisbach in eine Art Winterschlafmodus verfallen sein könnte.

Normalerweise wäre so etwas nie der Fall, aber vielleicht führten die ungewöhnlichen Umstände ihres Unfalls dazu, dass Bågenholms Körper vollständig auskühlte, bevor ihre Herztätigkeit aussetzte. Wenn ihr Gehirn kalt genug war, brauchten die einzelnen Zellen nur sehr wenig Sauerstoff, und so konnte das Gehirn mehrere Stunden lang und unter Bedingungen überleben, die sonst selbst den leistungsfähigsten Menschen umgebracht hätten.

Im Oktober 1999, ein halbes Jahr nach dem Unfall, nahm Bågenholm ihre Arbeit wieder auf. Dennoch war und blieb sie nicht vollständig wiederhergestellt. Die Nervenschädigungen in Händen und Füßen blieben teilweise dauerhaft bestehen, was bedeutete, dass sie ihren Traum von einem Leben als Chirurgin aufgeben musste. Glücklicherweise konnte sie zur Radiologie wechseln – eine Facharztrichtung, die auf medizinische Untersuchungen und Behandlungen mithilfe von Techniken wie Röntgen und Ultraschall spezialisiert ist.

Als fertige Radiologin nahm Bågenholm die Arbeit mit eben jenen Ärzten und jenem Pflegepersonal auf, die ihr das Leben gerettet hatten. Eine der Freundinnen, die an jenem schicksalhaften Tag dabei gewesen war, gehört mittlerweile zum Hubschrauberrettungsteam des Universitätskrankenhauses von Tromsø. Beide laufen wieder liebend gern und häufig Ski – in einer der atemberaubendsten und unberührtesten Landschaften Nordeuropas.

JOHANN WESTHAUSER
Der Höhlenforscher, der zwölf Tage festsaß
(Deutschland, 2014)

Bei der Entdeckung des tiefsten Höhlensystems auf deutschem Boden im Jahr 1996 war ein Mitglied des Erkundungsteams so verblüfft über die gewaltigen Ausmaße, dass er japste: »Das ist ja ein Riesending!«

Die Bezeichnung wurde offiziell, und heute ist die Riesending-Schachthöhle in den bayrischen Alpen unter Höhlengängern so etwas wie eine Legende.

Sie liegt gute tausend Meter unter der Erdoberfläche und

erstreckt sich über eine Fläche von fast dreiundzwanzig Kilometern. Vermessen wurde und wird sie von Wissenschaftlern wie Johann Westhauser, der zu den ersten Erforschern des Höhlensystems zählte. Ihr Ziel lautet, dieses ungeheuer komplexe Labyrinth aus Tunneln und unterirdischen Flüssen zu vermessen und entsprechend zu kartografieren.

Die Wissenschaftler arbeiten seit mehr als einem Jahrzehnt an dieser enormen Aufgabe, aber sie ist nicht einmal annähernd vollendet. Hunderte von Tunneln warten noch auf ihre Vermessung, und es wird weiter nach einer Verbindung durch eine »Superhöhle« zur Kolowratshöhle im angrenzenden Österreich gesucht: ein weiteres, riesiges Labyrinth, das auf eine Länge von fünfundsiebzig Kilometern geschätzt wird und Annahmen zufolge viertausend einzelne Höhlen und Durchgänge enthält.

Westhauser untersuchte die Höhlen schon seit fast zwölf Jahren, als er bei einem jähen Steinschlag verwundet wurde. Zu diesem Zeitpunkt war er mindestens sechs Kilometer vom Höhleneingang entfernt. Der schwere Felsbrocken fiel aus etwa fünfzehn Metern Höhe, und trotz Helm erlitt der zweiundfünfzigjährige Westhauser gravierende Kopfverletzungen: zu einem Schädel- und Jochbeinbruch kam eine gefährliche Hirnblutung hinzu, die zu Beeinträchtigungen der Arm- und Beinbewegungen führen kann.

Unter normalen Umständen hätte jeder Arzt nach der Erstuntersuchung unverzüglich einen Hubschraubertransport ins Krankenhaus und eine Notfallbehandlung auf einer speziellen Intensivstation angeordnet. Doch die Bedingungen in der Riesending-Höhle waren alles andere als normal. Um sich von dort, wo der Wissenschaftler halb bewusstlos lag, ins Freie und in Sicherheit zu bringen, hätte ein erfahrener Höhlengänger einen guten Tag gebraucht. Westhauser war durchaus erfahren, aber in seinem momentanen Zustand konnte er nicht einmal aufrecht stehen, geschweige denn klettern.

Ihn zu transportieren, war zu unsicher; also machte sich einer seiner Kollegen an den langen, mühsamen Aufstieg, um Hilfe zu holen. Er brauchte dafür zehn Stunden, eine erstaunliche Leistung für einen Solokletterer. Sich in solch einer Umgebung allein durchzuschlagen, ist sehr viel kräftezehrender als mit einem Team, und natürlich ist es auch sehr viel riskanter.

Sobald er aus der Höhle heraus war, wurde rasch ein spezielles Rettungsteam zusammengestellt. Als Erste trafen Mitglieder der örtlichen Bergrettung ein, doch sie hatten keinerlei Erfahrung mit einer solchen Situation. Hier lag das Opfer nicht auf einem Berggipfel, sondern von der Außenwelt abgeschnitten in einer Höhle, tausend Meter unter der Erde. Für die Bergung von Westhauser brauchte es zusätzliche Fähigkeiten, darum machten sich schließlich die erfahrenen Höhlengänger und Kletterer auf den Weg hinunter in das Höhlensystem und zu dem verwundeten Westhauser.

Ihr Abstieg dauerte fast ebenso lang wie zuvor der Aufstieg des Kollegen, der sie alarmiert hatte. Um in die Tiefe zu gelangen, mussten sie sich durch lange, senkrechte Schächte abseilen und über waagrechte, gewundene Abschnitte kriechen. Manche der sogenannten Flaschenhälse oder Engstellen in diesen Tunneln bieten so wenig Raum, dass ein Höhlengänger ausatmen muss, um sich durchquetschen zu können. Dazu das ständige Halbdunkel und das Wissen, dass sie jederzeit ein neuer Steinschlag treffen konnte.

Sie brauchten unbedingt einen Arzt vor Ort, doch der erste, der zu Westhauser vorzudringen versuchte, scheiterte an den Schwierigkeiten des Abstiegs. Viele Stunden später kam ein zweiter schließlich durch. Laut seinem Bericht war der Patient in schlechtem Zustand – zwar bei Bewusstsein, doch so schwer verletzt, dass man ihn nicht ohne weiteres abtransportieren konnte. Zunächst musste er stabilisiert und angesichts der Eiseskälte und Feuchtigkeit in der Höhle gegen Unterkühlung geschützt werden – Letztere drohte ihm umso mehr, als er bewegungsunfähig war.

Zum einen also würde Westhauser sich nicht schnell oder hinreichend genug erholen können, um aus eigener Kraft ans Tageslicht zu gelangen. Zum anderen war es selbst mit der richtigen Ausrüstung in dem verschlungenen Höhlensystem unmöglich, den Kranken per Seilwinde nach oben zu befördern.

Stattdessen musste man ihn mithilfe anderer Höhlengänger hinausbringen, die sich langsam ihren Weg durch das Netzwerk von Durchgängen und Tunneln bahnten.

Also würden ihn andere Höhlenkletterer tragen müssen und sich dabei Stück für Stück durch das Geflecht aus Gängen und Schächten nach oben arbeiten. Zum Glück waren mittlerweile Spezialisten aus Österreich und der Schweiz sowie zahlreiche Helfer aus der Region eingetroffen. Aus Italien und Kroatien kamen weitere Freiwillige hinzu, sodass letztlich 728 Männer und Frauen an der Rettungsaktion beteiligt waren – eine unglaubliche Zahl. Mehrere Hubschrauber brachten laufend Verpflegung und Ausrüstung zum Eingang der Höhle auf rund 1800 Metern Höhe. Anfangs musste alles noch mit Seilen zu Boden gelassen werden, bis schließlich ein provisorischer Landeplatz eingerichtet werden konnte.

Von Anfang an war allen Beteiligten klar, dass dieses gewaltige Unternehmen mehrere Tage dauern würde – falls es denn überhaupt durchführbar war. Noch nie hatte es eine Rettungsaktion von solcher Schwierigkeit und solchen Ausmaßen gegeben. Viele äußerten Zweifel daran, dass das Vorhaben gelingen würde. Aber weil der Verunglückte so schwer verletzt war, musste man es versuchen.

Zwei Tage nach dem Unfall verlor Westhauser noch immer regelmäßig das Bewusstsein. Mit Blick auf seinen kritischen Zustand entschieden die Retter, dass der Transport über die lange Strecke nach oben in Etappen durchgeführt werden sollte. Erschwert wurde das Ganze dadurch, dass die Ärzte darauf bestanden, dass Westhauser, wo immer es möglich war, in der Horizontalen gehalten werden sollte. Dadurch sollte verhindert werden, dass sich seine Verletzungen verschlimmerten.

Nachdem die verschiedenen Möglichkeiten mitsamt ihren Vor- und Nachteilen ausgiebig diskutiert worden waren, beschloss man, dass rund 150 Kletterer und Höhlenforscher, jeweils in fünfzehn Mann starken Teams, Westhauser nach oben tragen sollten. Jedes dieser Teams wurde auf dem mühseligen, kilometerlangen Weg von einem Arzt begleitet, der einen Schädelbohrer dabeihatte. Mit diesem schauderhaften medizinischen Gerät konnte, falls in Westhausers Gehirn weitere Blutungen auftreten sollten, der Druck im Schädel gesenkt werden.

Obwohl Hunderte professionelle Retter und Freiwillige die Aktion vor dem Eingang und im Inneren der Höhle intensiv vorbereiteten, dauerte es noch weitere fünf Tage, bis die Evakuierung beginnen konnte. Vor der strapaziösen Reise nach oben wurde Westhauser noch einmal gründlich untersucht und schließlich auf eine spezielle Trage geschnallt, die normalerweise bei verletzten Skifahrern und Bergsteigern zum Einsatz kommt. Zuvor war er in einen Schlafsack sowie mehrere Schichten Styropor gepackt worden, damit er gegen die Kälte geschützt war. So tief unten in einer Höhle liegt die

Temperatur bei etwa 3 °C, und weil durch die Gänge oft eisige Luft pfeift, fühlt es sich sogar noch kälter an.

Die Umhüllung aus Styropor sollte Westhauser auch gegen die Schläge und Stöße schützen, die er während dieses kniffligen Transports möglicherweise abbekam. Denn auch wenn die Helfer alles daransetzten, Erschütterungen zu vermeiden, musste der Patient in der Beengtheit der schmalen Gänge doch immer wieder gekippt werden, und das brachte das Risiko mit sich, dass er gegen die schroffen und zerklüfteten Höhlenwände aus Kalkstein stieß.

Aufgrund der Schwellung seines Gehirns konnte Westhauser nur mit Mühe sprechen, und oft war seine Sprache noch dazu verwaschen. Ein positives Zeichen gab es jedoch: Offenkundig hatte er keine Erinnerungslücken. Ein Gedächtnisverlust wäre ein Hinweis auf einen weitaus schwerwiegenderen Hirnschaden gewesen; dann hätten auch seine Chancen auf eine vollständige Genesung – vorausgesetzt, die Rettungsaktion verlief erfolgreich – schlechter gestanden. Doch sehr zur Freude seiner Begleiter konnte er auf Nachfrage sofort angeben, dass in Brasilien gerade die Fußballweltmeisterschaft stattfand. Als der Arzt ihm das Ergebnis eines bestimmten Spiels mitteilen wollte, sagte er sogar, er wolle es nicht hören, da ihn Fußball überhaupt nicht interessiere!

Trotz der ausgeklügelten Vorrichtungen aus Seilen, Hebebäumen, Winden und Flaschenzügen, die auf der gesamten Route angebracht worden waren, kam der Tross nur im Schneckentempo voran – schließlich musste man einen ausgewachsenen Mann mit seinem vollen Gewicht durch ein kilometerlanges Höhlensystem manövrieren. Westhausers Verletzungen ließen nicht zu, dass man ihn mithilfe eines elektrisch angetriebenen Motors transportierte. Die Retter mussten sich auf ihre Muskelkraft verlassen und setzten manchmal sogar den eigenen Körper als Gegengewicht ein, um ihren Patienten leichter nach oben hieven zu können.

Optimistische Schätzungen waren zu Beginn des Einsatzes davon ausgegangen, dass es eine Woche dauern würde, bis man Westhauser aus der Höhle herausgebracht hätte. Doch die heldenhaften Retter schafften es in nur fünf Tagen. Dabei legten sie im Durchschnitt fünfzig Meter pro Stunde zurück – ein Viertel des Tempos einer Schildkröte.

Sobald Westhauser wieder an der Oberfläche war, wurde er behutsam in einen Rettungshubschrauber der Polizei verladen und in ein Unfallkrankenhaus geflogen. Nach einer gründlichen Untersuchung zeigten sich die Ärzte zuversichtlich, dass das Gehirn ohne Operation wieder heilen würde, und nach zwei Wochen konnte Westhauser entlassen werden. Das grenzte an ein Wunder – immerhin hatte er zwölf Tage schwer verletzt in den Tiefen der Erde zugebracht.

JOHN CAPES
Der Schiffbrüchige, dem niemand glaubte
(Griechenland, 1941)

Die Crews der U-Boote, die während des Zweiten Weltkriegs im Mittelmeer kreuzten, waren zahlreichen Gefahren ausgesetzt. Die Boote waren oft in schlechtem Zustand, und im klaren Wasser waren sie für tief fliegende Flugzeuge und Schiffe leicht zu entdecken. Tag und Nacht wurden sie von feindlichen Schiffen gejagt und häufig aus der Luft bombardiert. Mit Angriffen war jederzeit zu rechnen.

Im Dezember 1941 nahm die HMS *Perseus*, ein U-Boot der britischen Marine, von Malta aus Kurs auf das ägyptische

Alexandria. Zur Crew gehörte auch der einunddreißigjährige John Capes, ein adretter junger Mann, der im Rang eines Ersten Maschinisten stand. Zusammen mit den anderen Mechanikern war er dafür verantwortlich, dass die Motoren verlässlich liefen. Zu diesem Zweck musste er regelmäßig Wartungsarbeiten durchführen und dafür sorgen, dass immer genug Diesel für die Generatoren an Bord war.

Einige Seemeilen vor der griechischen Insel Kefalonia tauchte die *Perseus* auf. Der Kapitän wollte das Dunkel der Nacht nutzen, um die Batterien für die Erkundungsfahrt am folgenden Tag aufzuladen. John Capes hatte es sich in einer improvisierten Koje gemütlich gemacht, die er in einem leeren Torpedorohr eingerichtet hatte. Als plötzlich eine gewaltige Explosion das U-Boot erschütterte, wusste er sofort, dass sie mit einer feindlichen Seemine kollidiert waren. Capes war ein erfahrener Matrose und daher nicht überrascht, als das Boot im selben Moment zu sinken begann.

Kurze Zeit später setzte die *Perseus* mit einem Ruck auf dem Meeresgrund auf. Capes wurde aus seiner Koje geschleudert, blieb aber unverletzt, und noch drang kein Wasser in den Abschnitt des Bootes, in dem er sich befand. Damals war es jedoch praktisch unmöglich, sich lebend aus einem havarierten U-Boot zu befreien. Capes wusste das. Nicht nur bestand die Gefahr des Ertrinkens, sondern auch der Wasserdruck war in dieser Tiefe so hoch, dass man ohne die schützende Hülle des U-Bootes zerquetscht wurde. Während des sechs Jahre dauernden Krieges ist es den Akten zufolge nur vier britischen Matrosen gelungen, sich in so einer Lage aus einem U-Boot zu befreien.

Wenige Sekunden später fiel das Licht aus, und in völliger Dunkelheit drang jetzt eiskaltes, dreckiges Wasser in das Boot. Capes rappelte sich auf und schaltete seine Taschenlampe an.

Im schwachen Schein der Lampe entdeckte er mit Entsetzen die Leichen einiger seiner Kameraden. Die Hülle des U-Bootes ächzte, und erste Lecks taten sich auf. Das Wasser mit seinem enormen Druck begann sein zerstörerisches Werk.

Capes bahnte sich einen Weg durch das U-Boot. Als er eine Ausstiegsluke erreichte, versuchte er, sie zu öffnen, doch sie war blockiert. Das lag entweder am Wasserdruck oder war eine Folge der Explosion oder des Aufschlagens des Bootes auf dem Meeresgrund. Weil es aussichtslos war, sie zu öffnen, ging Capes wieder zurück. Dabei stieß er auf drei andere Maschinisten, die auf dem Boden lagen, aber noch schwache Lebenszeichen zeigten. Er holte vier der speziellen U-Boot-Rettungswesten und schleifte die Männer dann unter größten Mühen einen nach dem anderen zur nächsten Luke.

Fieberhaft bemühte er sich, seinen verwirrten und halb bewusstlosen Kameraden die Rettungswesten überzuziehen, doch allmählich wurde die Luft knapp und er konnte nur noch unter Mühen atmen. Die Rettungswesten besaßen unter anderem eine Luftkammer, die Auftrieb verschaffte, eine Sauerstoffflasche, ein Mundstück und eine Schutzbrille. Sie sollten Verunglückte am Leben halten, während sie an die Wasseroberfläche tauchten. Sie anzulegen war in jedem Fall eine knifflige Angelegenheit, aber wenn die Betroffenen nicht mithelfen konnten, war es fast ein Ding der Unmöglichkeit. Capes klemmte sich die Taschenlampe zwischen die Zähne und tat sein Bestes. Als er fertig war, zog er auch sich selbst eine Rettungsweste über und nahm aus der Flasche eine lebensrettende Dosis Sauerstoff.

Laut den Dienstvorschriften der britischen Marine waren diese Rettungswesten für den Einsatz in bis zu dreißig Metern Tiefe gedacht, doch die Instrumente der *Pegasus* zeigten an, dass das U-Boot jetzt fast dreimal so tief lag. Noch nie hatte sich ein Verunglückter aus so großer Tiefe retten können, aber Capes hatte keine Zeit, sich darüber den Kopf zu zerbrechen. Zunächst musste er aus dem U-Boot hinauskommen; anschließend konnte er sich noch immer Gedanken darüber machen, wie er es lebend an die Wasseroberfläche schaffen würde.

Die Ausstiegsluken eines U-Bootes sind aus massivem Stahl und können nur geöffnet werden, wenn innen und außen derselbe Druck herrscht. Unter Wasser ist das nur dann der Fall, wenn der Rumpf des Bootes mit Wasser gefüllt ist. Capes musste also unter höchster Anspannung warten, bis das Wasser erst sein Kinn und dann seine Augen erreichte und schließlich seinen ganzen Kopf bedeckte. Erst als das Wasser bis zur Luke hoch stand, konnte er die beschädigten Handhebel lösen und die Luke mit einem heftigen Stoß öffnen.

Nachdem er die Luke so weit wie möglich aufgeklappt hatte, blieben ihm nur wenige Sekunden, um seine Kameraden durch die Öffnung zu bugsieren und ihnen dann zu folgen. Verblüffenderweise gelang es ihm, sich zwischendurch mit einem Schluck Rum etwas Mut anzutrinken – und dann konnte er nur noch beten, dass er es rechtzeitig an die Wasseroberfläche schaffte. Er musste fürchten, dass der Sauerstoff nicht ausreiche oder sein Brustkorb und seine Lunge unter dem gewaltigen Druck des Wassers kollabierten.

Doch er hatte Glück: Kaum war er dem U-Boot entkommen, zog ihn der natürliche Auftrieb seines Körpers in Windeseile nach oben. Es dauerte nur etwas länger als eine Minute, bis er die kühle Nachtluft im Gesicht spürte. Er hatte es geschafft. Seine Erleichterung war grenzenlos, aber auch die Schmerzen waren gewaltig. Das Blut schoss ihm in den Kopf, er war benommen und seine Lunge gierte geradezu nach sauberer, frischer Luft. Gleichzeitig fühlte es sich an, als hätten die Kräfte, die während des raschen Aufstiegs auf ihn eingewirkt hatten, seinen Körper buchstäblich aufgeschlitzt.

Als er feststellte, dass er mitten in der Nacht ganz allein im kalten Meer trieb, bekam er es erneut mit der Angst zu tun. In der Finsternis konnte er nichts erkennen, und Geräusche waren auch keine zu hören, außer dem Platschen des Wassers und seinem eigenen Atem. Von seinen drei Kameraden war nirgendwo eine Spur. Von der neunundfünfzig Mann starken Besatzung der HMS *Perseus* war er der einzige Überlebende.

Nachdem sich sein Herzschlag allmählich beruhigt und seine Augen sich an die Dunkelheit gewöhnt hatten, sah er an einem weit entfernten Ufer winzige Lichter. Das musste Kefalonia sein. Mit der Taschenlampe, die er noch immer bei sich hatte, versuchte er, ein SOS-Signal in Richtung der Insel zu senden. Kefalonia war von feindlichen Truppen besetzt, hauptsächlich Italienern, aber auch rund zweitausend deutschen Soldaten. Capes wusste, dass er dort ziemlich sicher gefangen genommen würde, aber wenn niemand ihn aus seiner Lage rettete, blieb ihm nichts anderes übrig, als die weite Strecke bis zur Küste zu schwimmen.

Fünf oder sechs Stunden lang schwamm er im Schneckentempo auf die Insel zu. Mittlerweile dämmerte es, und als er nur noch ein paar hundert Meter von der Küste entfernt war, glaubte er, einen Wachposten zu erkennen, der den Horizont absuchte. Er hatte Glück und erreichte das Ufer, ohne entdeckt zu werden, und stieß kurz darauf auf eine kleine Höhle, in der er sich verstecken und wieder zu Kräften kommen konnte.

Einige Stunden später hatte er erneut Glück. Plötzlich standen zwei Fischer aus einem nahe gelegenen Dorf vor ihm. Sie bewahrten in der Höhle ihre Netze auf, und als sie nun

Capes entdeckten, waren sie nicht wenig überrascht. Sie ließen ihn zunächst wieder allein, kamen aber eine Stunde später zurück und brachten ihm trockene Kleidung und Verpflegung. Weil sie kein Englisch sprachen und Capes kein Griechisch, gaben sie ihm mit Händen und Füßen zu verstehen, dass sie abwarten wollten, bis es dunkel war, um ihn dann heimlich an einen Ort zu bringen, an dem er in Sicherheit war.

Als die Nacht gekommen war, brachten sie Capes, der noch immer erschöpft und dem Tod ja nur knapp entronnen war, in ein kleines Dorf im Inselinneren, wo er sich zwei Wochen lang erholte. Manche Dorfbewohner beäugten ihn mit Misstrauen, und viele hielten ihn für einen Spion, aber es gab auch etliche, die ihm Wasser und Lebensmittel brachten und ihn versteckten, wenn Soldaten die Gegend durchkämmten. Als er wieder ausreichend bei Kräften war, um weiterziehen zu können, gaben sie ihm einen Esel, allerdings unter der Bedingung, dass er ihn nicht tötete, um ihn zu essen. Außerdem sagten sie ihm, er solle sich, bevor er aufbrach, die Haare und den Bart schwarz färben, damit er ein bisschen mehr wie ein Einheimischer aussäh.

Weil er ziemlich sicher erschossen würde, falls man ihn entdeckte, war er nur nachts unterwegs. Über ein Jahr lang zog er von einem Dorf zum nächsten und versuchte dabei stets, den italienischen Spähtrupps einen Schritt voraus zu sein, die regelmäßig über die Insel patrouillierten. Überall halfen ihm griechische Familien, einfache Leute, die ihn versteckten und den Besatzern furchtlos die Stirn boten, indem sie einem englischen Soldaten Schutz gewährten. Die meisten dieser Menschen waren freigiebig und teilten ihr Essen mit ihm, obwohl infolge des Krieges Nahrung knapp war, wodurch Capes stark an Gewicht verlor.

Erst im Mai 1943 konnte er, mittlerweile spindeldürr, die Insel verlassen. Eines Nachts brachte ihn ein Fischerboot im Schutz der Dunkelheit heimlich ans Festland. Mit Unterstützung der britischen Marine gelangte er über die Türkei schließlich nach Alexandria, dem ursprünglichen Ziel der HMS *Perseus*.

Doch als er anschließend von seinen Erlebnissen berichtete, glaubte man ihm nicht! Capes war als mitreißender Geschichtenerzähler bekannt, und die verschiedenen Versionen seines Berichts wichen in einigen wenigen Details voneinander ab. Dazu kam, dass sich noch nie zuvor ein Matrose in solcher Tiefe aus einem U-Boot hatte befreien können. Daher glaubten viele andere Seeleute, er habe sich das alles nur ausgedacht. Alle hatten vom tragischen Schicksal der *Perseus* erfahren, aber niemand konnte sich erklären, wie Capes von Malta aus auf das vom Feind besetzte Kefalonia hatte gelangen können. Seine eigene Version schien so hanebüchen, dass niemand sie für bare Münze nehmen wollte.

Noch vor Kriegsende erhielt Capes die British-Empire-Medaille, doch auch als er vierzig Jahre später starb, waren noch immer viele Leute der Ansicht, er habe sie nicht verdient. Anschließend gerieten er und seine Geschichte in Vergessenheit, bis zehn Jahre später Taucher das Wrack der *Perseus* entdeckten. An Bord fanden sie den Tiefenmesser, die blockierte Ausstiegsluke, die Überreste der provisorischen Koje und sogar die Rumflasche, aus der Capes einen letzten kräftigenden Schluck genommen hatte.

Nachdem einer der Taucher den Seetang und den Dreck weggekratzt hatte, die sich im Lauf eines halben Jahrhunderts auf dem Tiefenmesser festgesetzt hatten, sah er, dass die Nadel noch immer bei achtzig Metern stand, genau so, wie Capes es immer behauptet hatte. Diese Bestätigung kam

für ihn selbst zu spät, doch seitdem sieht man in dieser eigentlich als unmöglich geltenden Befreiung aus einem U-Boot zu Recht eine der außergewöhnlichsten Überlebensgeschichten aus der Zeit des Zweiten Weltkriegs.

LEONID ROGOSOW
Der Arzt, der sich selbst operierte
(Antarktis, 1961)

Im November 1960 unterbrach der sechsundzwanzigjährige russische Arzt Leonid Rogosow seine Facharztausbildung zum Chirurgen und schloss sich einer Antarktisexpedition an. Das Team bestand aus nur dreizehn Leuten, die zwei Jahre lang auf der sowjetischen Forschungsstation Nowolasarewskaja bleiben sollten. Rogosows Aufgabe war es, dort die medizinische Versorgung sicherzustellen.

Die Forschungsstation liegt in Königin-Maud-Land, einem Teil der Antarktis, der nach der britischen Prinzessin Maud benannt ist, die durch ihre Heirat Königin von Norwegen wurde. Diese weit abgelegene Gegend, in der eisige Temperaturen herrschen, ist oft monatelang von der Außenwelt abgeschnitten und kann die meiste Zeit des Jahres weder über das Wasser noch aus der Luft erreicht werden. Die Wissenschaftler, die dort arbeiten, sind vollkommen auf sich allein gestellt. So kann beispielsweise jemand, der erkrankt, nicht einfach in ein Krankenhaus gebracht werden. Rogosows Aufgabe war es, Erkrankungen zu diagnostizieren und die betroffenen Personen entsprechend zu behandeln.

Im April 1961 wurde Rogosow jedoch selbst krank. Erst fühlte er sich schwach und ihm war schlecht, doch schon nach wenigen Stunden hatte er besorgniserregend hohes Fieber. Am nächsten Morgen verspürte er auf einer Seite des Bauches einen stechenden Schmerz. Diese Symptome waren ihm bekannt, und er wusste sofort, woher sie stammten: Er hatte eine Blinddarmentzündung, eine Erkrankung, die sehr schnell sehr gefährlich werden kann.

Bei einer solchen Entzündung wird der Blinddarm normalerweise operativ entfernt. Der Blinddarm ist ein relativ kleines Organ, nur etwa zehn Zentimeter lang, und seine Entfernung ist ein Routineeingriff. Wenn ein ausgebildeter Chirurg die Operation vornimmt, ist sie in der Regel völlig unkompliziert. In Rogosows Fall jedoch war der nächste russischsprachige Chirurg über 1500 Kilometer entfernt, in einer anderen Forschungsstation. Die schnellste Verbindung dorthin war das Flugzeug; weil aber über Königin-Maud-Land schon seit Tagen ein heftiger Schneesturm tobte, konnten Flugzeuge weder starten noch landen.

Wohl jeder Arzt würde dringend davon abraten, sich selbst zu operieren, aber Rogosow wusste, dass ein entzündeter Blinddarm, der nicht entfernt wird, schon bald reißt und aufplatzt. Und das ist nicht nur äußerst schmerzhaft, sondern auch lebensgefährlich. Wenn Rogosow also nicht sofort operiert wurde, würde er nicht überleben. Sein Fieber war mittlerweile alarmierend hoch und er musste sich immer wieder übergeben, was ein weiteres Anzeichen dafür war, dass sich sein Zustand bedrohlich verschlechterte.

Sechsunddreißig Stunden nach dem Auftreten der ersten Symptome war ihm klar, dass es nur einen Ausweg gab: eine Operation. Und er wusste, dass er das selbst machen musste, obwohl er einen solchen Eingriff noch nie vorgenommen, ja noch nicht einmal anderen Ärzten dabei zugesehen hatte.

Weil außer ihm kein medizinisches Personal auf der Station war, musste er fachfremde Kollegen um Hilfe bitten. Während zwei von ihnen das OP-Besteck sowie den Raum sterilisierten, in dem die Operation stattfinden sollte, demonstrierte Rogosow einem Meteorologen, wie er die Wundhaken handhaben musste, mit denen während eines solchen Eingriffs die Bauchdecke aufgehalten wird. Auch der Fahrer der Station half mit; er sollte einen Spiegel über den OP-Tisch halten, sodass Rogosow sich selbst bei der Arbeit zusehen konnte. Bevor man um zwei Uhr morgens mit dem Eingriff begann, schärfte Rogosow allen Beteiligten ein, dass sie ihn, falls er aufgrund der Schmerzen ohnmächtig wurde, so schnell wie möglich wieder zu Bewusstsein bringen mussten.

Normalerweise wird eine solche Operation unter Narkose durchgeführt. Weil Rogosow aber Arzt und Patient zugleich war, musste er auf eine solche Betäubung verzichten. Wenn er vermeiden wollte, dass ihm ein folgenschwerer Fehler unterlief, musste er ganz besonders aufmerksam sein, weshalb er nur eine geringe Dosis eines schwachen Schmerzmittels einnahm. Jedes stärkere Mittel hätte seine Konzentrationsfähigkeit zu sehr beeinträchtigt.

Die Vorstellung, sich selbst aufzuschneiden, muss entsetzlich gewesen sein, aber weil er keine Wahl hatte, machte Rogosow sich ans Werk. Er legte sich auf den Tisch, drehte sich leicht nach links und setzte sich einen zwölf Zentimeter langen Schnitt in den rechten Unterbauch. Weil er nicht ausreichend narkotisiert war, hatte er höllische Schmerzen. Aber er machte weiter. Er legte den Blinddarm frei, sodass er ihn im Spiegel sehen konnte. Zu den rasenden Schmerzen kamen jetzt auch noch Übelkeit und zunehmende Kraftlosigkeit, wodurch es ihm immer schwerer fiel, das Skalpell sicher zu führen.

Immer wieder musste er kurze Pausen einlegen. Er wusste, dass er weitermachen musste, wie schwach er sich auch fühlte und wie schlimm die Schmerzen auch waren. Im Spiegel sah er, dass der Blinddarm an manchen Stellen bereits gerissen war und an einem Ende sogar schon ein Loch hatte. Es war so groß, dass er den Daumen hindurchstecken konnte. Die Operation kam also keine Sekunde zu früh. Nachdem er den Blinddarm herausgeschnitten hatte, versorgten seine Helfer die Wunde mit Antibiotika. Dann vernähte Rogosow die Wunde und verschloss den Schnitt in seiner Bauchdecke.

Nach knapp zwei Stunden war alles vorüber. Rogosow war von der Anstrengung völlig erschöpft, hatte noch immer furchtbare Schmerzen und konnte jetzt nur noch hoffen, dass der Eingriff ihm das Leben gerettet hatte. Kurz nachdem seine Helfer ihn aus dem improvisierten Operationssaal gebracht hatten, wurde er bewusstlos. Nun konnten sie nur noch aufräumen und den nächsten Morgen abwarten. Dann würden sie wissen, ob sie ihre Sache gut gemacht hatten.

In den ersten Tagen nach der Operation besserte sich Rogosows Zustand zunächst nicht. Das kommt bei langen Eingriffen oft vor, selbst wenn sie unter idealen Bedingungen

durchgeführt werden. Nach vier oder fünf Tagen erholte er sich jedoch endlich. Die Symptome klangen allmählich ab und auch das Fieber legte sich. Eine Woche nach der OP fühlte er sich schon deutlich besser und konnte sich bedenkenlos die Fäden ziehen. Wie er dabei feststellte, war die Wunde sauber und verheilte gut.

Zwei Wochen nachdem er krank geworden war, nahm Rogosow seine Arbeit als Arzt der Forschungsstation wieder auf, und einen Monat später konnte er auch wieder bei den schweren Arbeiten mithelfen, die in einer solchen Station in der Antarktis anfallen. Es dauerte lange, bis die Nachricht von der Operation am eigenen Leib Russland erreichte, aber als die Zeitungen darüber berichteten, wurde Rogosow gefeiert wie ein Held. Noch heute, rund sechzig Jahre später, erfüllt seine Tat Medizinstudenten mit Ehrfurcht, wobei der Gedanke, sich einer solchen Quälerei auszusetzen, vermutlich selbst für die tapfersten unter ihnen eine grässliche Vorstellung ist.

ROB TESAR
Der Student, der im Treibsand feststeckte
(USA, 2011)

Am Ende einer rund dreiwöchigen Wanderung durch die Wildnis im Osten des Bundesstaats Utah erreichten der amerikanische Student Rob Tesar und seine drei Freunde den letzten Abschnitt ihrer Route, der entlang des Dirty Devil River verlief, dort, wo der Fluss einen tiefen Canyon in die Erde gegraben hat. Nachdem sie an der Ostseite hinab zum Ufer gestiegen waren, gerieten sie in Schwierigkeiten. Das Ufer schien hauptsächlich aus Schlamm und Sand zu bestehen, aber die vier waren zuversichtlich, dass sie den Fluss an dieser

Stelle würden überqueren können. Tesar wagte sich als Erster vor, um den Untergrund zu überprüfen.

Nach etwa sechs Metern hatte er das Gefühl, die Füße nicht mehr heben zu können. Er war so klug, dass er sofort versuchte umzukehren, doch im nächsten Moment versanken seine Stiefel im Boden. Kurz darauf stand er bis zu den Knien im Schlamm. Einen seiner Freunde hatte es ebenfalls erwischt, allerdings steckte er zum Glück nur mit einem Fuß im Matsch fest.

Tesar wurde klar, dass sie in Treibsand geraten waren. Dieses Phänomen entsteht, wenn feinkörniger Sand sich mit Wasser und Schlamm zu einem halbflüssigen Gemisch verbindet. Boden, der aus einem solchen Gemisch besteht, sieht völlig harmlos aus, doch bei Erschütterungen, etwa durch ein Erdbeben, verflüssigt sich der Sand und kann dann keine Last mehr tragen. Unter Umständen reicht schon eine geringe Störung aus, um diesen Prozess in Gang zu setzen. Wie die beiden Studenten erfahren mussten, kann schon das Gewicht eines Menschen genügen.

Manchmal kann man erkennen, wenn ein Boden aus Treibsand besteht. Anzeichen dafür können das Fehlen von Vegetation oder ausgedehnte Moosflächen sein. Wenn Wanderer auf Treibsand geraten, bemerken sie das jedoch oft zu spät. Die Verflüssigung geschieht für gewöhnlich in Sekundenschnelle, und so war es auch an jenem Nachmittag am Ufer des Dirty Devil River.

Anders als in Filmen meist dargestellt, versinkt man zum Glück jedoch höchstens bis zur Hüfte im Treibsand, egal, wie tief die Sandschicht ist oder wie schwer die betroffene Person. Problematisch ist aber, dass man sich nicht mehr aus eigener Kraft befreien kann, wenn man einmal so tief feststeckt. Auch andere Menschen können nicht helfen, denn um den Verunglückten herauszuziehen, bräuchte man etwa so viel Kraft, wie um eine Tonne Gewicht anzuheben.

Das wussten die beiden anderen verständlicherweise nicht und hofften daher, sie könnten ihre Freunde aus dem Sand herausziehen. Die größte Gefahr drohte dabei durch das Wetter. Im November ist es in dieser Gegend ziemlich kalt, und nachts fallen die Temperaturen auf 4 °C. Wer unter diesen Umständen in nasser Kleidung steckt und sich nicht bewegen kann, riskiert eine schwere Unterkühlung.

Nachdem Rob und der andere Verunglückte eine Viertelstunde lang versucht hatten, sich freizukämpfen, war ihnen klar, dass sie damit nur sinnlos ihre Kräfte vergeudeten. Glücklicherweise hatten die beiden anderen eine Ausrüstung dabei, wie Kletterer sie verwenden, um sich in Schluchten abzuseilen. Es gelang ihnen, einen Flaschenzug zu installieren, wobei sie das eine Ende des Seils an einem Felsen am Flussufer befestigten. Auf diese Weise hofften sie, ihre Freunde in Sicherheit bringen zu können.

Der Aufbau der Apparatur dauerte eine ganze Stunde, und schließlich konnten sie als Ersten den Kameraden herausziehen, der nur mit einem Fuß im Treibsand steckte. Bei Tesar gelang das jedoch nicht so leicht. Er saß unbeweglich fest und verlor zunehmend an Kraft. Um das Gewicht von seinen Füßen zu nehmen, legte er sich mehr schlecht als recht auf den Boden. Doch dadurch wurde seine Kleidung feucht, und in weniger als einer Minute spürte er vor Kälte seine Hände nicht mehr.

Mittlerweile war es drei Uhr nachmittags. Es wurde immer kälter, und die Sonne versank allmählich hinter den steilen Hochufern des Canyons. Weil die vier Freunde wussten, dass die zunehmende Kälte eine immer größere Gefahr darstellte, griffen sie zu einem Gerät, das für genau solche Notfälle gedacht ist: einer Notfunkbake. Ein solcher Funksender sendet über Satellit ein Signal aus, mit dem die Rettungskräfte in der Umgebung darüber informiert werden, dass und wo genau sich jemand in Gefahr befindet.

Während sie auf Hilfe warteten, sammelten die drei anderen Treibholz ein und bauten daraus eine notdürftige Pritsche. Tesar gelang es, sich ein wenig zur Seite zu drehen und seinen Oberkörper auf das Holz zu schieben, sodass er nicht mehr im Feuchten lag. Auf dem Campingkocher bereiteten sie ihm auch ein warmes Essen zu. Aber Tesar war nun schon bis auf die Knochen durchgefroren, und selbst nach einer heißen Mahlzeit aus Würstchen, Käse und Couscous hatte er kein Gefühl in Händen und Beinen mehr.

Gegen acht Uhr abends war plötzlich das Geräusch von Rotorblättern zu hören, das von den Wänden des Canyons widerhallte. Kurz darauf landete ganz in der Nähe ein Hubschrauber. Tesar steckte inzwischen bis zu den Oberschenkeln im Treibsand, und das Wasser reichte ihm fast bis zur Hüfte.

Zunächst planten die Rettungskräfte, ihn mit der Kraft des Hubschraubers herauszuziehen. Sie warfen ihm Riemen und Gurtbänder zu und erklärten ihm, wie er sich daraus ein Brustgeschirr schnüren sollte. Dieses wollten sie mit einem Seil an dem Hubschrauber festbinden und Tesar dann, indem der Hubschrauber langsam aufstieg, aus dem Sand ziehen.

Das klang erfolgversprechend: ein leistungsstarker moderner Helikopter gegen eine wenige Meter tiefe Bank aus Treibsand; Mensch gegen Natur. Tesar war zuversichtlich, dass Technologie und Ideenreichtum den Sieg davontragen würden. Doch er wurde enttäuscht. Schon bald spürte er, dass der Hubschrauber ihn nicht in Sicherheit bringen würde, sondern ihn vielmehr in Stücke zu reißen drohte.

Durch Gesten gab er dem Piloten diese Gefahr zu verstehen, der die Aktion daraufhin abbrach. Etwas über eine Stunde nachdem der Hubschrauber gelandet war, hob er wieder ab, um weitere Hilfe zu holen. In der Zwischenzeit trafen weitere Wanderer ein. Einer von ihnen hatte einen Spaten dabei, mit dem Tesar sich zu befreien versuchte, was aber ebenfalls fehlschlug. Jedes Mal, wenn er eine Schippe voll ausgehoben hatte, füllte sich die dadurch entstandene Mulde sofort wieder mit der tödlichen Mischung aus Sand und Wasser. Es half alles nichts; er musste darauf warten, dass Spezialisten ihm zu Hilfe kamen, anstatt es mit seinen schwindenden Kräften weiter selbst zu versuchen.

Als der Hubschrauber zurückkehrte, hatte er etliche Schlauchboote an Bord. Zwei davon wurden, jeweils bemannt mit einer Handvoll Helfer, zu Tesar hinausmanövriert. Zwei der Helfer stabilisierten, so gut es ging, seinen Oberkörper, während die anderen versuchten, seine Beine aus dem Sand zu ziehen.

Die Rettungsaktion war mühselig und zog sich quälend lange hin. Die Hälfte der Retter schaufelte laufend Sand zur Seite, während die anderen – was genauso wichtig war – mit bloßen Armen verhinderten, dass der Sand und der Schlick des Flusses den freigeschaufelten Raum wieder füllten. Es war, als würde sich der Treibsand jedem Versuch, Tesar aus dem Schlamm zu befreien, mit aller Kraft entgegenstemmen, so, als wolle er seine Beute nicht preisgeben.

Irgendwann war Mitternacht vorüber, und Tesar saß noch immer fest. Über eine halbe Stunde lang waren die Helfer am Werk gewesen, wobei sie zügig, aber planvoll vorgegangen waren. Sie hatten sich keine Pause gegönnt und doch keinen sichtbaren Fortschritt gemacht. Nun wurde ein drittes Schlauchboot zwischen dem Unfallort und dem Flussufer platziert, auf das sich Tesar, sobald er außer Gefahr war, retten sollte. Doch gegen ein Uhr morgens wartete das Boot noch immer auf den Verunglückten.

Erst nachdem die Helfer geschlagene fünfundvierzig Minuten lang Sand weggeschaufelt hatten, glaubte Tesar, dass sich etwas veränderte. Kurz darauf spürte er es ganz genau: Obwohl er von der Hüfte abwärts vor Kälte taub war, bemerkte er, wie sein rechter Fuß sich ganz leicht bewegte. Als dann das ganze Bein seine Position veränderte, wusste er, dass die Rettungsaktion auf einem guten Weg war.

Das Bein hatte sich höchstens um ein paar Zentimeter verschoben, aber das reichte aus, um die Helfer weiter anzuspornen. Alle um ihn herum schaufelten jetzt schneller, ohne jedoch hektisch zu werden, und Tesar zog mit aller Kraft die Beine nach oben, um sich nun endlich aus der lähmenden Umklammerung des Treibsandes zu befreien. Erst bewegte sich nichts, doch dann konnte er das erste Bein aus dem Sand ziehen, und wenige Sekunden später das zweite. Endlich war er dem Treibsand entkommen.

Nachdem er mit den Füßen im Wasser versunken war, hatte es ganze dreizehn Stunden gedauert – den halben Tag und die halbe Nacht –, bis er sich freiringen konnte. Anschließend dauerte es weitere drei Tage, bis er in den Beinen wieder etwas spürte. Zum Glück trug er jedoch keine dauerhaften Nervenschäden davon, und auch die langen Stunden bei Temperaturen knapp über dem Gefrierpunkt blieben ohne Folgen. Und als er wiederhergestellt war, setzten er und seine Freunde die Wanderung fort.

GREG RASMUSSEN
Der Naturschützer, der in der Kalahari mit dem Flugzeug abstürzte
(Simbabwe, 2003)

Der Biologe Greg Rasmussen ist Naturschützer und Spezialist für eine bestimmte Art von Wildhunden, den Afrikanischen Wildhund. Das Fell dieser Tiere ist von Flecken durchsetzt, die wie Tintenflecken auf Löschpapier aussehen, und jedes Tier hat eine individuelle Zeichnung. Der Afrikanische Wildhund gehört zu den aktivsten Raubtieren Afrikas; in jüngster Zeit ist sein Fortbestand jedoch immer stärker gefährdet. Im Hwange-Nationalpark in Simbabwe leben noch etwa 150 Exemplare. In diesem weitläufigen Reservat erforscht Greg Rasmussen seit über fünfundzwanzig Jahren das Verhalten dieser Art.

Der Afrikanische Wildhund ist eng mit dem Wolf und dem Schakal verwandt und lebt seit mindestens drei Millionen Jahren in dieser Region. Er ist angeblich ein besserer Jäger als selbst der Leopard oder der Löwe, und sobald er es einmal auf ein Beutetier abgesehen hat, gibt es für dieses kaum noch ein Entrinnen. Die Hunde jagen in Gruppen, wodurch sie auch Antilopen und andere Tiere erlegen können, die weitaus größer sind als sie selbst.

Der Lebensraum dieser Hunde ist von gewaltigen Ausmaßen – über fünfzehntausend Quadratkilometer. Der größte Teil dieses Gebietes ist so heiß und trocken, dass ganze Seen jedes Jahr verschwinden. Daher müssen Wissenschaftler wie Rasmussen weite Strecken zurücklegen, um die Tiere zu beobachten. Das machen sie oft mit kleinen Fluggeräten, sogenannten Ultraleichtflugzeugen. Viele der Tiere im Hwange-Nationalpark sind mit Sendern an einem Halsband ausgestattet. Anhand der Signale sind sie leicht zu orten. Die hierfür notwendige Ausrüstung findet in einem Ultraleichtflugzeug problemlos Platz.

Eines Tages im Jahr 2003 engagierte Rasmussen einen Piloten für einen Kontrollflug, bei dem er die Wanderungen der Wildhunde beobachten wollte. Der Pilot tauchte aus irgendeinem Grund nicht auf, was für Rasmussen aber weiter kein Problem darstellte. Er konnte das Flugzeug auch selbst steuern, und nachdem er die routinemäßigen Kontrollen durchgeführt hatte, hob er kurz nach Tagesanbruch ab. Schon bald empfing er das erste Signal; es kam von einem Flusspferd. Er notierte die Position des Tieres und zog dann den Steuerknüppel zu sich, um Gas zu geben und höher zu steigen.

Plötzlich geriet er in eine heftige Turbulenz. Das Flugzeug kippte zur Seite und neigte sich nach vorne, und im nächsten Moment sah Rasmussen den Boden auf sich zurasen. Kurz darauf wirbelte das Flugzeug um die eigene Achse und ließ sich nicht mehr steuern. Felsen und Bäume wurden immer größer, und dann schlug die Maschine mit einem grässlichen, lauten und dumpfen Knall auf dem Boden der Savanne auf.

Rasmussen verlor kurzzeitig das Bewusstsein, entweder durch einen Schlag gegen den Kopf oder die Wucht des Aufpralls. Als er wieder zu sich kam, spürte er, wie ihm Blut und Benzin über das Gesicht rannen. Er konnte seine Beine nicht spüren, aber mit den Zehen wackeln. Das bedeutete, dass er sich nicht die Wirbelsäule gebrochen hatte und nicht gelähmt war.

Wie jedes moderne Flugzeug war auch das von Rasmussen mit einem Funkgerät ausgestattet, mit dem man einen Notruf absetzen kann. Durch den Absturz waren jedoch die Frequenzen des Gerätes durcheinandergeraten, und weil Rasmussen nicht wusste, wie man einen solchen Defekt behebt, hatte er auch keine Ahnung, ob irgendjemand seinen SOS-Funkspruch hörte. Statt einer beruhigenden Stimme, die ihm versicherte, dass Hilfe unterwegs war, hörte er nur das Ticken des sich abkühlenden Motors. Und dann war da noch das unheilverkündende Tröpfeln des hochentzündlichen Treibstoffs, der aus dem beschädigten Tank austrat.

Obwohl er seine Beine nicht bewegen konnte – die, wie er richtig vermutete, beide gebrochen waren –, musste er sich so schnell wie möglich aus dem Wrack befreien. Wenn das Benzin Feuer finge, würde er bei lebendigem Leib verbrennen. An den Armen war er zum Glück unverletzt, und so konnte er sich aus eigener Kraft aus dem Cockpit ziehen, sich über den verbrannten Boden schleppen und in Sicherheit bringen.

Die Unglücksstelle befand sich weit über hundert Kilometer von der nächsten Straße entfernt. Auch ohne Erfahrung mit dem Überleben in der Wildnis zu haben, wusste Rasmussen, dass er, selbst wenn er sich vom Wrack des Flugzeugs entfernte, noch lange nicht in Sicherheit war. Von den Wildhunden, die er erforschte, hatte er immer nur als von den »Hunden« gesprochen, weil er vermeiden wollte, ihren Ruf als brutale und hinterhältige Geschöpfe zu festigen. Aber natürlich wusste er, dass sie diesen Ruf vollauf zu Recht besaßen. Afrikanische Wildhunde können überleben, ohne jemals an einer Wasserstelle zu trinken, weil das Blut ihrer Beutetiere ihnen ausreicht. Und darüber hinaus drohten Rasmussen noch weitere Gefahren. Im Hwange-Nationalpark leben auch Löwen, Leoparden, Geparde und Hyänen – alles Raubtiere, die einen einzelnen, verletzten Menschen ohne zu zögern angreifen würden. Schon jetzt kreisten Geier über Rasmussen in der Luft.

Wirklich gefährlich würden die Geier erst werden, wenn die Nacht hereinbrach; im Moment war dagegen die drohende Austrocknung das drängendste Problem. Der Nationalpark liegt im Kalahari-Becken, das Teil eines ausgedehnten Wüstengebietes ist. Der Name leitet sich angeblich von dem Wort *kgala* ab, was so viel wie »großer Durst« bedeutet. Die Temperaturen steigen dort oft auf über 40 °C, und es fällt so gut wie kein Regen.

Rasmussen hatte sich in den lichten Schatten eines Dornbuschs gerettet, hatte aber mittlerweile entsetzlichen Durst und litt immer mehr unter der Hitze. Er war nicht in der Lage, sich zu bewegen, aber auch wenn er es gekonnt hätte, war die nächste Wasserstelle vermutlich mehrere Kilometer entfernt. Jetzt bereute er, dass er am Morgen an der Tankstelle, an der er gehalten hatte, kein Wasser gekauft hatte. Er hatte sich gesagt, dass er auf dem Heimweg noch welches besorgen könnte, und nicht damit gerechnet, dass er in der Wüste festsitzen würde.

Nun hatte er auch noch quälende Schmerzen, vor allem in den Beinen und den Füßen, die auch stark bluteten. Er versuchte verzweifelt, seine Stiefel auszuziehen, um die Füße vom Druck zu befreien und das Risiko einer Infektion zu verringern, aber weil er die Knie nicht beugen konnte, reichten seine Hände nicht weit genug. Mithilfe eines Stöckchens löste er schließlich die Schleifen der Schnürsenkel und zog sie dann durch die Löcher. Das dauerte über eine Stunde, und nach einer weiteren Stunde hatte er sich mit einem dickeren Stock beide Stiefel von den Füßen geschoben.

Inzwischen war es Mittag, und in der brennenden Wüstensonne rissen seine Lippen auf und die Trockenheit in seinem Mund wurde unerträglich. Die Sonne hatte ihren höchsten Punkt erreicht, sodass der Dornbusch so gut wie keinen Schatten mehr spendete. Rasmussen erkannte, dass er die größten Überlebenschancen hatte – vorausgesetzt, jemand hatte seinen Notruf gehört –, wenn er sich aus der sengenden Hitze in den Schatten des Flugzeugwracks schleppte und dort wartete. Dabei konnte er nur hoffen, dass das ausgetretene Benzin mittlerweile verdunstet war. Während er über den Boden robbte, hörte er seine Knochen knacken. Die Schmerzen waren so höllisch, dass er vermutete, dass nicht nur die Beine, sondern auch das Becken gebrochen war.

Mühsam kämpfte er sich voran, bis er es zum Flugzeug geschafft hatte, und nun ging auch endlich die Sonne unter. Schon bald würde die Temperatur auf ein erträglicheres Maß fallen, und er könnte sich von der fürchterlichen Hitze der Sonne erholen. Allerdings hieß das auch, dass bis zum nächsten Morgen niemand zu seiner Rettung kommen würde und dass die großen Raubtiere der Savanne demnächst auf ihre nächtlichen Beutezüge gingen.

In der Nähe waren Elefanten zu hören. Wie Flusspferde fressen auch Elefanten nur Pflanzen, können aber äußerst gefährlich werden, wenn man unter ihren trampelnden Beinen begraben wird. Die Wildhunde jagten meist in der Nacht, und dann waren da noch die umherschweifenden Hyänen, die auch nicht gerade harmlos waren. Und plötzlich hörte Rasmussen inmitten der Geräusche der Nacht das unverkennbare Brüllen einer Löwin, die nach einem Löwenmännchen rief.

Weil er sich all diese Raubtiere vom Leib halten musste, beschloss er, Lärm zu machen. Alle Tiere verabscheuen Lärm und laute Geräusche. Also hämmerte er erst gegen die Windschutzscheibe des Flugzeugs und trommelte dann auf einer Aluminiumstrebe herum, um möglichst viel Radau zu machen. Als er einmal kurz innehielt, kam die Löwin bis auf zwei Meter an ihn heran, aber indem er weiter Krach machte, konnte er sie verscheuchen und überlebte so die Nacht.

Am nächsten Tag wurde alles noch schlimmer. Rasmussen war jetzt nicht mehr nur extrem durstig, sondern bereits in bedrohlichem Maße ausgetrocknet. Die Schmerzen in den Beinen und in der Hüfte wurden immer unerträglicher, und er hatte immer mehr Angst, nicht gerettet zu werden.

Vielleicht hatte niemand den Notruf gehört, oder man konnte die Unglücksstelle nicht finden oder wusste nicht, wo man anfangen sollte zu suchen. Warum auch immer niemand ihm zu Hilfe kam, Rasmussen hatte ausreichend Erfahrung in der Wüste, um zu wissen, dass er ohne Wasser niemals überleben würde.

Als er glaubte, das Ende sei nahe, dachte er an die lange Zeit zurück, die er im Hwange-Nationalpark gearbeitet hatte.

Diese Jahre gehörten zu den schönsten seines Lebens. Es hatte ihm große Freude bereitet und war ihm eine Ehre gewesen, so viel über die Afrikanischen Wildhunde herauszufinden und mitzuhelfen, sie vor dem Aussterben zu bewahren, auch wenn die ängstlichen Einheimischen sie noch immer als »Teufelshunde« bezeichneten. Nur wenige Menschen hatten das Glück, so ein Leben zu leben, und dafür war er unendlich dankbar.

Während er, mittlerweile stark geschwächt, diesen Gedanken nachhing, bemerkte er irgendwann das Brummen eines Flugzeugs. Als es näher kam, versuchte er, auf sich aufmerksam zu machen, indem er mit dem abgebrochenen Holm einer Tragfläche winkte, aber das Flugzeug drehte schon bald wieder ab. Rasmussen sank zu Boden, schloss die Augen und verlor jede Hoffnung. Was er nicht wusste: Der Pilot hatte das Wrack entdeckt. Über Funk meldete er die Stelle einem Hubschrauber, der gleichfalls über der Gegend kreiste, und einem Hilfstrupp am Boden, der in einem Geländewagen unterwegs war.

Wenige Minuten später hörte Rasmussen zum ersten Mal seit seiner Havarie eine menschliche Stimme. Der Hubschrauber fand rasch einen Platz zum Landen, man wartete kurz, bis Rasmussen seinen schier unstillbaren Durst gelöscht hatte, und brachte ihn dann in Sicherheit. Bis er jedoch wieder ganz genesen war, dauerte es viele Monate, und mehrere Dutzend Operationen waren erforderlich, um seine zertrümmerten Knochen wiederherzustellen. Anschließend waren seine Beine um etliche Zentimeter kürzer, aber er konnte wieder in den Hwange-Nationalpark zurückkehren und weiter das Leben der Afrikanischen Wildhunde erforschen, die ihm so sehr am Herzen lagen.

BRANT WEBB UND TODD RUSSELL
Die Bergleute, die zwei Wochen unter Tage verbrachten
(Tasmanien, 2006)

Seitdem der Mensch Bodenschätze aus den Tiefen der Erde holt, gehört die Arbeit in Bergwerken zu den gefährlichsten Tätigkeiten, die es gibt. Immer wieder kommen Bergleute dabei ums Leben: durch austretende Gase, Explosionen oder einstürzende Stollen. 2006 führte auf Tasmanien, einer Insel vor Australien, ein kleines Erdbeben zu so einem Unglück.

Das Erdbeben ereignete sich kurz nach neun Uhr abends

in der Nähe der Goldmine von Beaconsfield im Norden der Insel. Es war relativ schwach und hinterließ keine Spuren an der Erdoberfläche, doch unter der Erde verursachten die Stöße einen gewaltigen Felssturz, der siebzehn Bergleute in Lebensgefahr brachte. Vierzehn von ihnen konnten sich in Sicherheit bringen, doch die drei anderen waren in über neunhundert Metern Tiefe eingeschlossen.

Einer der drei war bei dem Steinschlag ums Leben gekommen, was seine Kollegen an der Oberfläche allerdings erst zwölf Stunden später herausfanden. Die beiden anderen, Brant Webb und Todd Russell, hatten mit einem sogenannten Teleskoplader gearbeitet, einer schweren Maschine, mit der in Bergwerksstollen Abschottungen errichtet werden. Zum Zeitpunkt des Erdbebens hatten die beiden in dem Arbeitskorb gestanden, der am Ende des Mastes der Maschine angebracht war.

Dass sie den Steinschlag überlebt hatten, war sicher auch dem Schutz durch den Arbeitskorb zu verdanken. Doch ganz unbeschadet waren sie nicht davongekommen. Webb war von einem herabstürzenden Felsbrocken getroffen worden und bewusstlos, und Russell stand bis zur Hüfte im Schutt. Nach ein paar Minuten kam Webb wieder zu Bewusstsein. Dann versuchten die beiden, noch immer benommen und unter Schock, sich aus den Überresten des Teleskopladers zu befreien. Ein Teil des Schutts ließ sich leicht zur Seite schaffen, aber die größeren Felsbrocken waren dazu zu schwer. Schließlich befreiten sie sich, indem sie mit einem Taschenmesser die Kleidungsstücke zerschnitten, die zwischen den Steinen festklemmten.

Ihre Kollegen an der Oberfläche stellten schnell fest, dass drei Männer fehlten. Zu diesem Zeitpunkt war unklar, ob sie überlebt hatten, und falls ja, ob sie verletzt waren. Schon bald wurde eine Rettungsaktion eingeleitet, und wenige Stunden später räumte ein großer, ferngesteuerter Bagger das herabgestürzte Erdreich aus dem Stollen, in dem die Männer gearbeitet hatten. Das war zwar langwierig, doch man kam Stück für Stück voran. Am nächsten Morgen entdeckte der Baggerführer auf den Bildern der Kamera, die auf der Maschine montiert war, eine Leiche.

Wie sich rasch herausstellte, handelte es sich um Larry Knight. Er hatte zum Zeitpunkt des Erdbebens am Steuer des Teleskopladers gesessen, und man vermutete, dass er nach dem Steinschlag sofort tot gewesen war. Das Schicksal der beiden anderen Bergleute war jedoch noch immer ungeklärt. Allerdings schmälerte die tragische Entdeckung die Hoffnung darauf, dass sie das Unglück überlebt hatten.

Der ferngesteuerte Bagger kämpfte sich noch ein paar Stunden vorwärts, bis man schließlich befand, dass es zu gefährlich war, weiterzugraben. Die Schuttmengen, die den Weg versperrten, waren einfach zu gewaltig. Daher beschlossen die Rettungskräfte, einen neuen Tunnel zu der Unglücksstelle zu treiben, anstatt den bestehenden frei zu räumen. Dadurch wären sowohl die eingeschlossenen Bergleute als auch die Retter weniger Gefahren ausgesetzt, obwohl für die Schaffung dieses neuen Tunnels Sprengstoff verwendet werden musste.

Zum Glück hatten Russell und Webb Wasser zur Verfügung, wenn auch nur jenes, das von den Felsen an der Decke des Stollens tropfte und das sie in ihren Helmen auffingen. Zu essen hatten sie jedoch nur einen kleinen Müsliriegel. Zunächst beschlossen sie, ihn vierundzwanzig Stunden lang nicht anzurühren, dann erweiterten sie diesen Zeitraum auf zwei und dann auf drei Tage. Als sie ihn schließlich auspackten, aßen sie jeweils nur kleine Bröckchen, um möglichst lange etwas davon zu haben. Russell verlor dabei allerdings fast seinen ganzen Anteil, als ihm ein Stück aus der Tasche fiel und in der Dunkelheit verschwand.

Im Lauf von drei Tagen wurde mithilfe von sechs kontrollierten Sprengungen der neue Tunnel ins Gestein getrieben. Die Explosionen flößten den beiden eingeschlossenen Bergleuten, die dadurch ja gerettet werden sollten, gehörig Angst ein. Während sie auf ihrer Seite weiter Schutt wegräumten, notierte Russell auf seinem Arbeitsanzug Datum und Uhrzeit der einzelnen Detonationen. Falls er und Webb bei einer der Sprengungen ums Leben kämen, sollten ihre Familien und das Rettungsteam wissen, dass sie das Erdbeben überlebt und versucht hatten, sich zu befreien. Außerdem schrieben sie kurze Nachrichten an ihre Familien auf ihre Overalls.

Sie waren nun schon seit vier Tagen unter der Erde eingeschlossen und mittlerweile völlig erschöpft und ausgehungert. Um sich vom Hunger abzulenken und sich bei Laune zu halten, sangen sie mehr oder weniger die ganze Zeit; weil es aber nur ein Lied gab, das sie beide kannten, mussten sie dieses eine Lied immer wieder singen. Am fünften Tag glaubte einer von ihnen, Stimmen zu hören. Zwei ihrer Kollegen hatten die Sicherheitsvorschriften missachtet und näherten sich der Unglücksstelle. Sie riefen nach Webb und Russell, die ihrerseits so laut sie konnten zurückschrien. Eingeschlossene und Retter konnten einander nicht sehen, und weil Berge von Schutt zwischen ihnen lagen, war auch keine Verständigung möglich. Aber nun war zumindest klar, dass Hoffnung auf Rettung bestand und man nicht noch weitere Leichen würde bergen müssen.

Zu dieser Zeit unternahm einer der Helfer aus dem vierzig Mann starken Rettungsteam ebenfalls einen Versuch, zu Webb und Russell vorzudringen. An der Stelle, an der der ferngesteuerte Bagger zum Stehen gekommen war, räumte er mit bloßen Händen den Schutt zur Seite und konnte wie durch ein Wunder eine kleine Öffnung freilegen. Kurz darauf war dieses Loch so groß, dass er den Arm hindurchstrecken und Russell die Hand geben konnte. Zwar freuten sich alle über diesen Glücksfall, aber man hielt daran fest, den Zugang zu den beiden nicht über diese Seite zu suchen. Denn dazu hätte man einen Teil des drei Meter breiten Arbeitskorbes des Teleskopladers abtrennen müssen, um den Weg frei zu machen, und Russell und Webb fürchteten, dabei könnten sich die tonnenschweren Felsbrocken lösen, die in dem Korb lagen.

Sie mussten also noch eine Weile in ihrem felsigen Gefängnis ausharren, aber dieses erste kleine Loch im Schutt rettete ihnen das Leben. Weil das Gestein außergewöhnlich hart war und sich infolge des Erdbebens gewaltige Mengen Geröll gebildet hatten, würde es noch mehrere Tage dauern, bis die beiden Verunglückten wieder das Tageslicht erblicken würden. Aber nachdem man das Loch etwas erweitert hatte – vorsichtig, um zu vermeiden, dass sich weitere Felsbrocken lösten –, konnte man ein Plastikrohr hindurchschieben. Es hatte zwar nur einen Durchmesser von knapp zehn Zentimetern, aber das genügte, um die beiden Eingeschlossenen mit Essen und frischem Wasser zu versorgen. Und auch ein Funkgerät passte hindurch, mit dem Webb und Russell mit dem Rettungsteam kommunizieren konnten.

Nachdem die beiden erst einmal mit Flüssignahrung, Vitaminpräparaten und Wasser versorgt worden waren, kam ein sogenannter Schachtbohrer zum Einsatz. Mit so einem Gerät wird zunächst ein sogenanntes Pilotbohrloch ins Gestein getrieben, das zwar zu schmal für einen Menschen ist, durch das hindurch dann jedoch ein größerer Bohrer in Position gebracht wird, der den eigentlichen Schacht ausfräst, der rund einen Meter Durchmesser hat.

Trotz dieser leistungsstarken Geräte war die Befreiung der beiden Männer eine langwierige Sache. Wie Geologen ermittelt haben, ist das Gestein in dieser Region fünfmal so hart wie Beton. Die Spezialmaschinen, die im Bergbau verwendet werden, dringen dort mit etwa einem Meter pro Stunde vor. Jetzt allerdings arbeiteten die Helfer weitaus langsamer, um zu vermeiden, dass sich direkt neben der Unglücksstelle ein weiterer Felssturz ereignete. Allein für das schmale Pilotbohrloch brauchten sie drei Tage, was für die beiden Verunglückten eine quälend lange Zeit gewesen sein muss.

Irgendwann im Lauf der Rettungsaktion schoben die Helfer den beiden einen iPod mit Musik durch das Plastikrohr, und dazu die Anleitung zu einem leichten Fitnessprogramm. Das sollte Webb und Russell dabei helfen, nicht den Mut zu verlieren und sich die Zeit zu vertreiben.

Mehrere Tage lang gingen die Arbeiten langsam, aber stetig voran. Nach dreizehn Tagen sahen sich die Helfer jedoch einem neuen Problem gegenüber: Der Bohrer war auf eine Gesteinsschicht gestoßen, die noch härter war als die Umgebung. Erst versuchten sie, mit Presslufthämmern und Pressluftbohrern durchzudringen. Weil das jedoch fehlschlug, griffen sie wieder zu Sprengstoff. Das brachte zwar die Gefahr eines erneuten Felssturzes mit sich, aber man versuchte, sie zu minimieren, indem man so wenig Sprengstoff wie möglich verwendete, um diese letzte Gesteinsschicht aufzubrechen.

Tags darauf wussten die Retter, dass sie nur noch etwa einen Meter von den beiden Eingeschlossenen entfernt waren. Zwar trennte sie noch eine Lage hartes Quartzgestein, aber nun war allen klar, dass die beiden Verunglückten bald aus

ihrem Gefängnis befreit werden würden. Kurz vor fünf Uhr morgens war es dann so weit. Nach vierzehn Tagen unter der Erde erblickten Webb und Russell die Lampen auf den Helmen ihrer Retter, und nur anderthalb Stunden später waren sie wieder an der Erdoberfläche und konnten ihre Liebsten in die Arme schließen.

Bevor sie ihre Rettung feiern konnten, mussten sie jedoch noch eine traurige Pflicht erfüllen und an der Bestattung ihres Kollegen und Freundes Larry Knight teilnehmen. Weder Webb noch Russell kamen ganz ohne Blessuren davon, aber die Verletzungen, die sie sich am Rücken und an den Knien zugezogen hatten, waren vergleichsweise harmlos und verheilten bald. Außenstehende können sich wohl kaum vorstellen, was es bedeutet, so lange unter der Erde eingeschlossen zu sein, aber für Webb und Russell war es eine Erfahrung, die sie nie vergessen werden.

CLAUDIO CORTI
Der Bergsteiger, der in der »Mordwand« stürzte
(Schweiz, 1957)

Mit 3967 Metern ist der Eiger in den Berner Alpen nicht einmal halb so hoch wie der Mount Everest, aber der Weg zum Gipfel über die Felswand an seiner Nordseite gehört zu den gefährlichsten Kletterrouten der Welt. Schon über sechzig erfahrene Bergsteiger sind dort tödlich verunglückt.

Der Aufstieg über die Westflanke ist für erfahrene Kletterer relativ problemlos zu schaffen, und jedes Jahr begehen zahlreiche Männer und Frauen erfolgreich diese Route. Die

Nordwand stellte jedoch jahrzehntelang eine unüberwindbare Herausforderung dar, und als dort immer mehr Todesopfer zu beklagen waren, verboten die lokalen Behörden sogar jeden Versuch der Besteigung über diese Strecke.

Die Eiger-Nordwand – unter Bergsteigern auch »Mordwand« genannt – ist eine über 1800 Meter hohe, fast senkrecht abfallende Felswand, die äußerst schwierig zu begehen ist. Tagelang müssen sich die Kletterer durch blanken Fels kämpfen; nur an der sogenannten »Spinne« im oberen Viertel der Wand wird die tödliche Monotonie des hoch aufragenden Gesteins unterbrochen: ein ausgedehntes Eisfeld, von dem tückische, mit Eis und Schnee gefüllte Felsspalten ausgehen, die an die Beine einer Spinne erinnern. Um zum Gipfel zu gelangen, müssen Kletterer, auch wenn sie so weit oben schon erschöpft sind, eine sichere Passage über dieses Eisfeld finden. Auch Felsstürze stellen eine ernsthafte Gefahr dar; sie ereignen sich so häufig, dass viele Kletterer den Aufstieg lieber im Winter wagen, weil sie hoffen, dass das feste Eis dann das lose Gestein zusammenhält.

Als der italienische Alpinist Claudio Corti 1957 versuchte, den Gipfel des Eigers über die Nordwand zu erreichen, war das erst wenigen Menschen gelungen. Zahlreiche Bergsteiger waren dort jedoch erfroren, in den Tod gestürzt oder von Lawinen mitgerissen worden. Corti war neunundzwanzig Jahre alt, kräftig und durchtrainiert, und ließ sich von den drohenden Gefahren nicht abschrecken. Nachdem er zusammen mit seinem Seilpartner, dem Italiener Stefano Longhi, drei Tage lang aufgestiegen war, wurden die beiden von einer deutschen Seilschaft eingeholt, die aus Franz Mayer und Günter Nothdurft bestand.

Alle vier waren routinierte Bergsteiger, doch trotz ihrer Erfahrung und sorgfältiger Vorbereitung gerieten sie bei ihrem gemeinsamen Vorhaben schon bald in Schwierigkeiten. Die Besteigung der Eiger-Nordwand ist auch bei gutem Wetter äußerst gefährlich, doch jetzt fielen die Temperaturen, was die Gefahr für Leib und Leben noch erhöhte.

Longhi war der Erste der vier, der Schwierigkeiten bekam. Als sie sich dem sogenannten Todesbiwak näherten, hatte er immer größere Mühe, sich fortzubewegen. Er kämpfte mit Erfrierungen, und das genau an der Stelle, an der einige Jahre zuvor zwei andere Kletterer im Nebel die Orientierung verloren hatten und erfroren waren.

Kurz nach dieser Tragödie war in diesem Abschnitt der Felswand eine weitere Seilschaft verunglückt und knapp vierzig Meter in die Tiefe gestürzt. Einer der Bergsteiger kam mit leichten Verletzungen davon, die anderen hatten jedoch weniger Glück. Einer starb infolge eines Schädelbruchs, nachdem er von herabfallenden Felsbrocken getroffen worden war, und die beiden anderen wurden später tot aufgefunden, wie sie an ihren Seilen über dem Abgrund hingen.

Die Gruppe um Corti geriet nun in eine ähnlich dramatische Lage, als der geschwächte Longhi den Halt verlor und von einem Felsvorsprung namens Traverse stürzte. Er war auf der letzten Position gegangen, und die anderen konnten ihn zwar am Seil halten, aber, geschwächt und durchgefroren, wie sie waren, nicht wieder auf den Vorsprung hochziehen. Also mussten sie das Seil kappen. Allein den Elementen ausgesetzt, starb der zurückgelassene Longhi drei Tage später. Beobachtungen aus der Ferne ergaben zweifelsfrei, dass er nicht mehr am Leben war. Doch erst zwei Jahre später wurde sein Leichnam geborgen und ins Tal gebracht.

Kurz nachdem die drei anderen Longhi zurückgelassen hatten, um weiter aufzusteigen und Hilfe zu holen, wurde Corti von einem Steinschlag getroffen. Dabei wurde er so schwer am Kopf verletzt, dass er weder weiter nach oben klettern noch absteigen und sich weiter unten in Sicherheit bringen konnte. Die beiden Deutschen hatten keine andere Wahl, als auch ihn zurückzulassen und weiter den Aufstieg zu versuchen. Sie wollten zum Gipfel und dann auf einer leichteren Route ins Tal, von wo aus sie einen Rettungseinsatz organisieren konnten.

Damit der verletzte Corti möglichst hohe Überlebenschancen hatte, überließen sie ihm ihren gesamten Proviant und ihre Ausrüstung, darunter ein kleines rotes Zelt. Sie kamen jedoch nie im Tal an. Erst vier Jahre später wurden ihre Leichen auf der Westflanke des Eigers gefunden. Offenbar hatten sie den Aufstieg zum Gipfel geschafft, auch Nothdurft, der schon an starken Erfrierungen gelitten hatte. Beim Abstieg über die mutmaßlich weniger gefährliche Westflanke waren sie dann von einer Lawine erfasst worden und ums Leben gekommen.

Währenddessen harrte Corti zwei Tage lang allein in eisiger Kälte aus und kämpfte gegen den Tod. 320 Meter unterhalb des Gipfels kauerte er sich auf einem schmalen Felsvorsprung in das kleine Zelt, wo er nichts anderes tun konnte, als auf Hilfe zu warten. Nicht nur war er zu schwach, um weiterzuklettern, sondern er hatte auch seine gesamte Ausrüstung seinen beiden deutschen Kameraden mitgegeben, damit sie auch ja sicher ins Tal kämen.

Zwar lag er nun mutterseelenallein hoch oben in einer eisbedeckten Steilwand, doch war sein Schicksal der Öffentlichkeit nicht entgangen. Bei gutem Wetter kann man vom Tal aus fast jede Stelle der Eiger-Nordwand einsehen; von den Hotels im nahe gelegenen Grindelwald aus verfolgen Touristen sogar oft mit Ferngläsern, wie Kletterer in der Wand ihr Leben riskieren.

Was Corti nicht wissen konnte: Beobachter auf der Kleinen Scheidegg, einer rund vier Kilometer entfernten Passhöhe, hatten schon bald sein kleines rotes Zelt entdeckt. Innerhalb weniger Stunden versammelten sich zahlreiche freiwillige Helfer, und Reporter und Fotografen strömten herbei, um die Rettungsaktion zu verfolgen, die als einer der waghalsigsten Einsätze in den Alpen in die Geschichte eingehen sollte.

Vom Tal aus zu Corti vorzudringen, war offenkundig nicht sinnvoll. Dadurch hätten sich die Retter denselben Gefahren ausgesetzt, mit denen die vier Bergsteiger zu kämpfen hatten, so wie viele andere vor ihnen. Also entschied man sich dazu, über die Westflanke des Eigers aufzusteigen. Dann wollte man den verletzten Corti vom Gipfel aus von dem Felsvorsprung bergen, auf dem er ausharrte.

Der Einsatz erforderte technisches Geschick, Kraft und eine gehörige Portion Mut. Sage und schreibe vierundfünfzig Retter waren beteiligt. Einer von ihnen war der Deutsche Ludwig Gramminger, der heute als Bergretter-Legende gilt. Er hatte den nach ihm benannten Gramminger-Sitz entwickelt, ein Geschirr, das speziell der Rettung verunfallter Bergsteiger dient, sowie eine spezielle Stahlseilwinde. Mit dieser Winde wurde nun der Bergführer Alfred Hellepart mitsamt eines Gramminger-Sitzes vom Gipfel aus zu Corti abgeseilt.

Nach insgesamt acht Tagen in der Eiger-Nordwand, davon zwei Tage des Wartens auf Hilfe, war Corti am Ende seiner Kräfte, geschwächt durch die Erschöpfung, die eisige Kälte und seine Verletzungen. Er hatte stark an Gewicht verloren, war kaum noch in der Lage zu sprechen und stand kurz vor dem Zusammenbruch. Hellepart schaffte es jedoch, ihn in das Rettungsgeschirr zu setzen, und mithilfe des Stahlseils und der Winde wurde Corti zum Gipfel gezogen.

Als er in Sicherheit war, war er noch immer verwirrt, und es dauerte mehrere Stunden, bis er wieder klar und zusammenhängend sprechen konnte. Eine Zeitlang behauptete er, als erster Italiener die Eiger-Nordwand durchquert zu haben, bis man ihn freundlich darauf hinwies, dass er es nur auf den Gipfel geschafft hatte, weil ihn ein Deutscher über den letzten Abschnitt transportiert hatte. Er brauchte mehrere Wochen, bis er sich wieder gänzlich erholt hatte, doch nach einer Weile konnte er wieder in die Berge zurückkehren, und schon bald wurde er wieder der ausdauernde und ideenreiche Kletterer, der er zuvor gewesen war. Die Eiger-Nordwand jedoch hat er nie wieder in Angriff genommen; zu tief saß die Erinnerung an Spinne, Todesbiwak und Traverse.

YOSSI GHINSBERG
Der Abenteurer, der einen Wasserfall hinabstürzte
(Bolivien, 1981)

Der Amazonas-Regenwald ist sechs Millionen Quadratkilometer groß – ein riesiges Gebiet, in dem man leicht die Orientierung verlieren kann. Im Lauf der Jahrhunderte haben Tausende Menschen, die sich auf der Suche nach Abenteuern, sagenumwobenen Ureinwohnern und Schätzen tief in das Dickicht dieses Urwalds vorgewagt haben, dort ihr Leben gelassen.

Als Yossi Ghinsberg mit zweiundzwanzig Jahren gerade

seinen Wehrdienst in der israelischen Marine hinter sich gebracht hatte, war sein sehnlichster Wunsch, den Amazonas-Regenwald zu sehen. Er machte gern Scherze darüber, dass er dort auf einen noch unentdeckten Stamm stoßen, die Tochter des Häuptlings heiraten und in rauen Mengen Gold und Diamanten entdecken würde. In Wahrheit wollte er jedoch solche fantastischen Abenteuer erleben wie jene, von denen er in den Büchern über die großen Entdecker der Weltgeschichte gelesen hatte. Also brach er 1981 zusammen mit drei anderen Abenteurern in den Dschungel auf.

Seine Begleiter waren der österreichische Geologe Karl Ruprechter, der Schweizer Marcus Stamm und der amerikanische Fotograf Kevin Gale. Kennengelernt hatten sich die vier erst kurz zuvor. Und schon bald gerieten sie bei ihrer gemeinsamen Unternehmung in ernsthafte Schwierigkeiten; zum einen, weil der Urwald ein äußerst anspruchsvolles Terrain ist, und zum anderen, weil sie ohne professionellen heimischen Führer unterwegs waren.

Weil sie die Expedition nicht sorgfältig geplant hatten, ging ihnen oft der Proviant aus. Und weil sie sich den Weg durch das Dickicht des Dschungels oft bei schweren Regenfällen bahnen mussten, reichten ihre Kräfte nicht so weit, wie sie erwartet hatten. Schon bald waren alle vier von den Anstrengungen erschöpft und hatten die Lust verloren.

Weil sie inmitten der wuchernden Pflanzen nur langsam vorankamen, beschlossen sie, sich auf dem Wasser fortzubewegen. Zu diesem Zweck bauten sie ein schlichtes Floß, indem sie acht Baumstämme zusammenbanden. Doch dann weigerten sich Ruprechter und Stamm, das Floß zu besteigen. Sie verließen die anderen beiden und machten sich zu zweit wieder auf den Fußweg durch den Dschungel. Bis heute fehlt von ihnen jede Spur.

Obwohl er keine Ahnung von der Floßfahrt hatte, hielt Ghinsberg an der Idee fest und fuhr zusammen mit Gale den Fluss Tuichi hinab. Anfangs verlief alles ohne Probleme, doch nach einer Weile nahm ihre Fahrt dramatische Formen an. Als sich das Flussbett am Anfang des San Pedro Canyon verengte, wurde das Wasser immer aufgewühlter, und die beiden Männer wurden auf ihrem Floß kräftig hin und her geschüttelt. Die Klamm war mit Felsbrocken und Geröll übersät, und im strudelnden Wasser lockerten sich die Stämme des Floßes immer mehr. Als sich das primitive Wasserfahrzeug einmal unter einem großen Felsbrocken verkantete, ergriff Gale die Gelegenheit und brachte sich mit einem Sprung ans Ufer in Sicherheit.

Doch in dem Moment, in dem er sprang, löste sich das Floß wieder und steuerte zu Ghinsbergs Entsetzen auf einen Wasserfall zu. Kurz darauf kippte es über die Kante, und Ghinsberg stürzte in die Tiefe, wurde von der Kraft des hinabschießenden Wassers herumgewirbelt und buchstäblich von den Fluten verschluckt.

Wundersamerweise schaffte er es zurück an die Wasseroberfläche, bevor ihm die Luft ausging, doch dann wurde er noch weitere fünfzehn Minuten lang hin und her geschleudert, während ihn das Wasser weiter durch den Canyon riss. Dann endlich konnte er sich ans Ufer retten. Von dem Floß war jedoch nichts mehr zu sehen – es musste in den tosenden Fluten auseinandergebrochen sein.

Auch seinen Rucksack und seine Vorräte hatte Ghinsberg verloren. Er besaß nur noch, was er in seinen Taschen fand: ein paar Bissen zu essen, ein Erste-Hilfe-Päckchen und eine kleine Taschenlampe. Wie er überrascht feststellte, hatte er sich weder Knochen gebrochen noch Schnittwunden oder Prellungen davongetragen. Er war dem Tod zwar gerade noch einmal von der Schippe gesprungen, aber weit davon entfernt, in Sicherheit zu sein.

Weil er nun kein Floß mehr hatte, blieb ihm nichts anderes übrig, als sich wie seine beiden Begleiter, die sich davongemacht hatten, durch den Dschungel zu schlagen. Der Fußmarsch war nicht weniger mühsam und gefährlich als zuvor, doch jetzt war Ghinsberg noch dazu auf sich allein gestellt. Das Hauptproblem war nun die Frage, was er essen sollte. Weil er weder ein Messer noch eine Machete dabeihatte, aß er Früchte, die aus den Baumkronen fielen, und hin und wieder Eier aus Vogelnestern, die gerade unbewacht waren.

Darüber hinaus lief er ständig Gefahr, sich zu infizieren. Sein Körper schien alle Arten von heimtückischen und giftigen Lebewesen magisch anzuziehen, und regelmäßig bohrten sich Blutegel oder Insekten in seine Haut, die dort ihre Eier ablegten. Aber Ghinsberg besaß eine Wunderwaffe, die ihm das Überleben sichern sollte: die unerschütterliche Gewissheit, dass er durchhalten und wieder aus dem Dschungel herausfinden würde.

Kurz nach dem Sturz über den Wasserfall hatte er geglaubt, er würde Gale wiederfinden und sie würden sich gemeinsam einen Weg aus dem Urwald bahnen. Doch das geschah nicht, und Ghinsberg brauchte eine ganze Weile, bis er begriff, dass sie einander wirklich verloren hatten. Und dann dauerte es noch ein paar weitere Tage, bis ihm klar wurde, was es bedeutete, vollkommen allein zu sein. Andere Menschen hätten in so einer Lage den Mut verloren, aber Ghinsberg fand das aufregend – nun stand ihm ein echtes Abenteuer bevor, eines wie jene, über die er so viel gelesen hatte, bevor er nach Südamerika aufgebrochen war.

Anstatt sich als Opfer der Umstände zu sehen, betrachtete er sich eher als eine Art Held. Er glaubte sich in der Lage, allen